精解

神の詩

聖典バガヴァッド・ギーター

Detailed Explanations of Bhagavad Gita

2

森井啓二

きれい・ねっと

まえがきに代えて
―最初の言霊―

バガヴァッド・ギーターとは、簡単に言うとどのような内容なのでしょう。

さまざまな人がさまざまな解釈を述べています。

「神への合一の道」や「人類の智慧」、「神聖な奉仕の書」等々。けれど、それらはすべて、この聖典の一面を表しているものです。リンゴを説明する時に、「赤い」とか「美味しい」、「木に実る果実」など、さまざまな説明ができるのと同じことです。

バガヴァッド・ギーターの最初の言霊は「ダルマ(dharma)」というものです。

「ダルマ」とは、多様な意味をもつサンスクリット語です。

法、義務、規範、世界の根本原理、神の摂理……。仏教では、仏陀の悟った普遍的真理のことを指すようです。

この聖典バガヴァッド・ギーターにおける「ダルマ」は、「人間の地上での正しい行い」「なされるべき義務」をも示しています。

私たちは何の目的もなく地上に生まれたわけではありま

せん。人は、ただ食べて寝て遊ぶだけの存在として地球に来ているのではないのです。

それだけであれば、人として生まれなくてもフンコロガシやイノシシでも充分なはずです。

ちなみに、フンコロガシは糞玉を転がす方向を、太陽や月の光、そして月の光の無い夜には天の川銀河の微弱な光を利用して正確に読み取り、目的地までの道のりを見つけ出しています。このような小さな生物の営みからでさえも私たちは学ぶことが多くあり、すべての存在を敬わなければならないことが理解できるのです。

きれいに着飾りたいだけであれば、ニジイロクワガタやインドクジャクになれば充分かもしれません。

キラキラしていたいのであれば、深海で美しく光るイカやホタルでもよいでしょう。

動物はたえず自然と調和し、怒りや憎しみによって同胞を犠牲にすることも、過剰な欲望のために地球を破壊することもありません。現在の世界情勢やモラルの低下した人々の言動、自然破壊、環境汚染などを見ていると、人よりも動物の方がはるかに優れているようにも思えるでしょう。

それでも人には、動物には真似の出来ない優れた点があります。それは、人は高い理念を持って、あらゆることを選択する意思を持ち、それによって自分を変容させる力を有しているということです。植物でさえ、臭い堆肥を香り高い花の芳香へと変容させています。人間は、それ以上のことが出来る資質を備えているのです。

「何を食べようか、何を飲もうかと、自分の命のことで思いわずらい、何を着ようかと自分の体のことで思いわずらうな。命は食物に優り、体は着物に優るではないか」(マタイによる福音書 6:25)

歴史的に起こった「マハーバーラタ戦争」は、同族同士の殺し合いであり、そこに巻き込まれた人々は悲惨だったはずです。

でも、その戦争を目の当たりに見ていたはずの聖ヴィヤーサは、その悲惨な戦争の事実さえも、永遠の智慧に変容させています。

そして、私たちにも、聖ヴィヤーサと同じ能力が内在されています。この聖典を毎日真摯に読む人には、読んでいる間、聖ヴィヤーサの臨在を感じることができるようになるでしょう。それを読後の瞑想の中で感じてみてください。

多くの人は自身を昇華できる能力を内在しながら、残念ながら、物質界での誘惑に身を任せ、自らの神性を省みない状態になり、その能力を活かすことはあまりありませんでした。人に精神的向上心がなければ、行っていることは動物以下になってしまいます。

「人はパンのためのみに生きているのではない」(旧約聖書：申命記第8章のモーゼの言葉、新約聖書：マタイによる福音書第4章のイエスの言葉）という言葉がありますが、これは人として生まれたのは物質的な満足だけを目的として生きるのではないという意味です。

人として生まれたからには人生で意義のあるものを手に入れるべく、崇高な人生の目的に気づかなければなりません。

現代社会での人生の目的は、物質的に偏重した教育内容のために歪められています。

いまだに社会的な成功とは、裕福になって、よい伴侶を見つけて、豪華に幸せに暮らすことというふうに考えられがちです。

でもそれは、毎日の暮らしの中で周囲の人や物に愛情を注ぎ、良いことを思い、良いことを行い、正直に生きた「結果」であり、「目的」ではないのは明らかです。

古今東西、人は真の幸福を求めて様々な努力と探究を続けてきました。あらゆる富を蓄えて、権力を得て、名誉を貰い……、外の世界へ向けて自分の勢力を積極的、時には攻撃的に広げていきます。

でもこの方向性では、物質的に何の不自由ない状態になっても、真の幸福を得られる人はいません。逆に自分の内側の世界へと深く入る努力をし続けた人たちの中には、釈迦大師やイエス大師に代表されるように、真の幸福を実現した例が数多く存在します。

どんなに外側の世界が素晴らしくても、それを認識して知覚し、評価するのは内側の心だけです。

この世界は自分の内面を写し出す鏡として存在します。清らかな思い、言葉、行いによって鏡をきれいに磨けば磨くほど、自分の本当の姿がよく見えてくるはずです。そこに真の幸福があり、真の人生の目的が見つかるのです。

人が地上にきて人生を営む真の目的は、さまざまな人がいろいろな言葉で表現しています。

ヨーガ・スートラを編纂したパタンジャリ大師は、「人生の目的は至上霊との一致」と記しています。

アカシックレコードに到達し、奇跡的な業績を多数残したエドガー・ケイシーは、さまざまな表現をしていますが、

「人間の生きる目的は魂を完璧な存在“The Whole”と調和できるまでに高めることにある」と述べました。
　北米先住民族たちは、崇高な思想を持つことでも知られていますが、要約すると「唯一絶対、万物の創造元である大霊が存在し、我々を含む万物はその分霊として存在する。人間が地上に来た目的は、宇宙意識である大霊を各々の魂に顕現することだ。人の役に立つ行いは、霊的成長に役立ち、愛、協調、奉仕、寛容、忍耐を基本とする資質を身につけることができる」という考え方を有します。

　人間がこの地上に来た目的がわかれば、地上にいる間になすべき務め、すなわち「ダルマ」は自ずと明確になっていきます。

「バガヴァッド・ギーター」の原典の最後の締めくくりの言霊は「Mama」。
　これは「私の」という意味です。

　この聖典の最初の言霊「ダルマ」と最後の言霊「私の」を合わせると、「私のダルマ」となります。これには大きな深い意味がいくつも隠されていますが、第一のメッセージは「私が地上においてなすべき行い」ということ。

この聖典を読み解いていく一人一人への強力なメッセージが浮かび上がってきます。

そして、これがこの聖典の最も大きなテーマであり、その内容をシンプルに的確に表した言葉なのです。

他の聖典でも、最初の言葉と最後の言葉を意識して読んでみるとよいと思います。

「凡そ詩は発首誠に難く、落句易からず（詩というのは、最初の単語が本当に難しく、結びの単語も簡単に書けるものではない）」（空海／文鏡秘府論）

もくじ

Prologue

序章

叡智のヨーガ　– サーンキャヨーガ –

第２章のタイトルは、「サーンキャヨーガ」です。サーンキャとは、叡智、真の知識、真理を意味します。

ヴァーダ辞典「ニクルティ」には、「サーンキャとは万物万象を詳細に解説することである」と説明されています。

サーンキャは哲学としても知られ、サーンキャ哲学は、「魂の本質を追求する哲学」とされています。

さらにサーンキャには、数、数量という意味もあります。ここでは真の叡智によって、万物万象に分かれた無数の粒子を「一」なるものに集約する教えという意味があります。

この宇宙の二極性には神聖な目的があります。

「バガヴァッド・ギーター」における戦いも、ずっと広い視野から見ると、両極を戦わせることを通して真我を見出すことを目的として創られた、緻密で完璧な仕組みがあります。

この二極性の戦いの中でこそ、不滅の「一」なるものを見つけることが出来ます。それが叡智であり、二から一へという意味を持つサーンキャなのです。

低次の自己には攻撃性や怒りや憎しみといった低い波動があり、高次には愛や知性、理性、調和などの高い波動を見ることが出来ます。この二つの極同士の戦いを通して、いかに高い波動へと上がっていくことができるかが課題となります。

この戦争の目的は、自らに内在する神聖な性質と邪悪な性質を戦わせることによって、真我を見出し、真我へと還り、最終的には真我そのものとなることなのです。

第1章で、かつての聖地が戦場になった場において、アルジュナたちは親戚や師や友人たちと戦わなければならない状況に置かれ、大きな困難にぶつかった様子が描かれました。

戦わなければならないという使命がある一方で、敵に対する悲哀と、勝ち負けに関係なく破滅に向かってしまうことへの怖れが心の中にあったのです。

アルジュナが怖れる破滅とは、物質世界の変化のことであり、不死不滅の本質が破滅するわけではありません。物質世界での破滅は、諸行無常であり、避けることが出来ませんが、実際にはそれは破滅ではなく、宇宙が変容していく中で形が変化していくということです。この理解が欠如しているために、破壊に対する恐怖が出てしまうのです。

第1章を霊的に見ると、瞑想によって意識の変容が起こるまでの間に、自分の内的世界で起こるさまざまな現象と導きが詳細に書かれています。

第2章では、この状況で霊性進化への道の扉を開いたアルジュナに、クリシュナから真の叡智を伝えられていくことになります。

人の魂の学びは、三段階に分けることが出来ます。

最初は、「情報」です。

人は、外界の情報を学んで生きていく術を身に着けていきます。この地上にはありとあらゆる情報が溢れています。その中から、自分の興味ある情報を書籍やインターネットなどから得ていくのです。

ただ、この情報は尽きることがなく、また刹那的なものであり、時が経てば消えていきます。好奇心を満足させることはできますが、すぐに飽きてしまいます。さらに追い続けていると、情報の底なし沼にはまってしまう危険性もあります。

次は、「知識」です。

数多くの情報の中から、自分が極めたい分野があれば、さらに知識と体験を通して理解していきます。これは、活かし方によって、霊性を高めていくことが出来ます。そしてしばらくの間は、知性を満足させることができます。

知識には外的な知識と内的な知識があります。

外的な知識は、耳や目などの感覚器官を通して、または本やインターネット、人の話などの外の世界からも得ることが出来ます。

内的知識は、物事を自分の中で消化して、それを自ら実践し理解することで得られます。内的知識は、心を浄化して、人の器を大きく広げてくれます。

そして最後は、「智慧」になります。

智慧は、魂に刻み込まれるものです。智慧を学び、さらに活かすことによって霊性を最大限に高めて、肉体が亡くなっても魂と共に持ち越していくことが出来ます。これが真の人生の役に立ち、学んで活かしていくべきものになります。

この学びの段階を意識していれば、より効率的に真我に達することになります。

第2章は、特に時間をかけてしっかりと読んで、内観して、実践に取り入れ、さらに理解していく、とても重要な章になります。この章の深い理解が、その先の章の理解と実践へと繋がっていくからです。

聖典を読み始めるにあたって、最も重要なことは「動機」と「心構え」です。

純粋に悟りを求める気持ちで、すべての生命のカルマを解放する願いを持つことが大切です。偉くなりたいとか名声を得たいなどという動機であれば、すぐに改心しなければ、聖典の最も重要な部分を見逃すことになるでしょう。

ここで聖者バラドワージャの逸話をご紹介しましょう。

バラドワージャは、過去世から繰り返しヴェーダの経典を読み続けました。生まれ変わってもまた、ひたすらヴェーダを読み続けました。四回生まれ変わる間、ずっとヴェーダを読み続けていたのです。彼はヴェーダ経典の一言一句を覚えているほどでした。

それを見ていたインドラ神は、バラドワージャに解脱のための道を明かしました。するとバラドワージャはすぐに経典を読むことを止めて、経典で示されていることを日常に実践し、また深い瞑想に集中しました。その結果、聖者バラドワージャは解脱を達成しました。

次は聖者ドゥルヴァーサの若い頃の話です。

ドゥルヴァーサは、あらゆる宗教の経典、聖典を買い集め、いつでも読み続け、出かける時には荷馬車に積んで持ち歩いていました。

ある時、ドゥルヴァーサは荷馬車にいっぱいに宗教書を積んで、シヴァ神に会いにいきました。すると、そこにいた聖者ナーラダがドゥルヴァーサに声をかけました。

「あなたはまるで荷馬車にくくりつけられたロバのようだ。あらゆる書物を読んでいても、そこに書かれた教えを実行していないならば、何も理解していないのと同じことだ。書物に執着することも貪欲の表れなのだよ」。

ドゥルヴァーサは、その言葉を真摯に受け止めて、すべての本を海に投げてしまいました。そして、今まで聖典で得た知識を実践していきました。神の御心に沿った行動の実践とともに深い瞑想に入りました。

こうして、ドゥルヴァーサは光明を得ることが出来たのです。

多くの人が陥る罠として、次のようなものがあります。

言葉だけを覚えて意味を覚えない、意味だけを覚えて言葉を忘れる、言葉と意味の繋がりを理解しない、覚えたことを実践しない……。

方便という言葉があります。方便とは、人を真の智慧に導くための仮の手段です。聖典には、真の教えと共に方便も混ざって書かれています。それらを的確に理解しなければ、心の中に混乱が生じるのです。内的探求では、心の混乱を排除して、一歩一歩確実に歩んでいくことが大切です。

インドの聖典では次のように書かれています。

「物質の非実在と一元性は、独断や空想、非論理的な理論を根拠とするものではなく、高度に体系化された内的探求による明確な理論と法則に基づいているものである」。

「すべての知識、すべての力は、神である創造的力に由来します。あなたが日々の経験でそれを尊び、表現し、それに生きさえすれば、愛が法則になると覚えておきなさい」（エドガー・ケイシー 1620-1）

それでは、第１章に引き続き、第２章の原文を読んで全体像を把握することから始めていきましょう。

Chapter 2.

第2章

叡智のヨーガ

サンジャヤ

「沈痛な面持ちで、眼に悲哀の涙を浮かべたアルジュナに、マドゥの殺戮者（クリシュナ）は次のように言った。(1)」

スリー・クリシュナ

「この危急の時に、天国への道を閉ざす、尊敬に値しない、恥ずべき弱気はどこから来たのか、アルジュナよ。(2)」

「プリターの子（アルジュナ）よ、弱気に陥ってはいけない。それは汝に似合わない。つまらぬ弱気を捨てて、立ち上がれ。敵の征服者（アルジュナ）よ。(3)」

アルジュナ

「クリシュナよ、尊敬に値するビーシュマとドローナに、どうして弓矢を持って立ち向かうことができようか。(4)」

「この偉大な師匠達を殺すくらいなら、乞食をして生きる方がはるかに良い。彼等を殺せば、この世で得られる富も快楽も血にまみれるだろう。(5)」

「我等が彼等に勝つべきか、彼等が我等に勝つべきか、どちらが良いのか、私にはわからない。ドリタラーシュトラの息子達は我等の前に立っている。彼等を殺して生きていたいとは思わない。(6)」

「私は弱気に圧倒されて理性を失い、何をすべきか迷っている。

願わくは、何が良いのかをはっきりと語りたまえ。私はあなたの弟子である。あなたに救いを求める私を導きたまえ。(7)」

「地上で繁栄する無敵の王国を手に入れても、そこを天の神々のように君臨したとしても、感覚が麻痺するほどのこの悲しみを癒す方法がわからない。(8)」

「敵の絶滅者アルジュナは感覚の征服者ゴヴィンダ（クリシュナ）にこう語り、「私は戦わない」と言って黙り込んだ。(9)」

「バーラタ王よ、この時、両軍の間で落胆するアルジュナに、クリシュナは微笑んで次のように言った。(10)」

スリー・クリシュナ
「汝は悲しむ必要のない人々について、悲しんでいる。しかも、汝はもっともらしいことを言っている。賢者は生者のためにも死者のためにも悲しまない。(11)」

「私も、汝も、これらの王子達も、過去に存在していなかったことはない。我々が今後存在しなくなることもない。(12)」

「この肉体に宿る者（霊魂・個我）は少年期・青年期・老年期をこの肉体で過ごした後、他の肉体に移る。賢者はこれに惑わされない。(13)」

「クンティの子（アルジュナ）よ、感覚がその対象に触れると、寒暑や苦楽の感情が生まれる。この感情は現れたり消えたりして、長くは続かない。これに耐えよ、アルジュナ。(14)」
「アルジュナよ、これらの感情に苦しまず、苦痛と快楽を淡々と受け入れて動揺しない者は、不死に値する。(15)」

「実在しないもの（肉体）は存在せず、実在するもの（アートマン・真我）は消滅しない。真理を知る人々はこの両方の事実を理解している。(16)」
「この万物に遍在するものは不滅であることを知れ。誰もこの不滅であるものを破壊することができない。(17)」

「この肉体は有限であると言われるが、ここに宿る者（アートマン）は永遠・不滅で無限である。だから戦え、アルジュナよ。(18)」
「アートマン（真我）を殺害者と考える者も、殺されると考える者も、どちらも無智である。アートマンは殺すことも殺されることもない。(19)」
「アートマンは生まれることも、死ぬこともない。始まりも、終わりもない。不生・永遠・不変であり、太古から存在する。肉体が殺されても、アートマンは殺されない。(20)」
「アルジュナよ、アートマンは不滅・永遠・不生・不変であると知る者は、誰かを殺したり、誰かに殺されたりすることができようか。(21)」

「人が使い古した衣服を捨てて、新しい衣服を着るように、肉体に宿る者は使い古した肉体を捨てて、他の新しい肉体に宿る。(22)」

「このアートマンは武器で斬り裂くことも、火で焼くことも、水で濡らすことも、風で乾かすこともできない。(23)」
「この真我（アートマン）は、斬られず、焼かれず、濡らされず、乾かされない。それは永遠・遍在・安定・不動・不朽である。(24)」

「このアートマンは、目で見ることも、心に描くこともできず、変化することもないと言われている。だから、そのことがわかっているなら、嘆くべきではない。(25)」

「また、アートマンは絶えず生まれ、絶えず死ぬと、汝が考えたとしても、嘆くべきではない。(26)」

「生まれた者は必ず死ぬ。死んだ者は必ず生まれる。だから、汝はこの避けられないことを嘆くべきではない。(27)」

「万物の起源は目に見えない、中間の状態は目に見える。最後は再び見えなくなる。ここに何の嘆きがあろうか。(28)」

「真我を驚くべきものとして見る者がいる。驚くべきものとして語る者もいる。不思議なものとして聞く者もいる。それを聞いても全く理解しない者もいる。(29)」

「万人の肉体に宿る者は永遠に殺されない。だから、汝は何物についても嘆くべきではない。(30)」

「汝自身の任務を考慮しても、動揺するべきではない。クシャトリヤ（戦士）にとって、正義の戦いに勝るものは他にないからである。(31)」

「図らずもこのような戦いの機会を得ることは、クシャトリヤにとって幸いである。アルジュナよ、天国への門は開かれるだろう。(32)」

「しかし、この正義の戦いを行わなければ、汝は自己の任務と名誉を失って、罪を負うだろう。(33)」
「人々は汝の不名誉をいつまでも語り継ぐだろう。名誉ある者にとって、不名誉は死よりもひどい不幸である。(34)」
「偉大な戦士達は、汝が恐れて戦場から逃げ出したと思うだろう。汝を尊敬してきた者達は、汝を軽蔑するだろう。(35)」
「汝の敵も口々に汝の力を中傷し、口汚くののしるだろう。これ以上の苦しみがあろうか。(36)」

「討たれれば、汝は天界に行くだろう。勝てば地上の栄華を極めるだろう。だから、アルジュナよ、立ち上がって、戦いを決意せよ。(37)」

「苦楽も損得も勝敗も同等と見なして、戦いに備えよ。そうすれば、汝は罪を犯さない。(38)」

「これまで、真我の理念を汝に示した。次に、これについての実践法をよく聞け。これを身につければ、汝はカルマ（行動）の束縛を克服するだろう。(39)」
「ここでは、努力が無駄になることも、逆効果になることも無い。この行法をわずかでも実践すれば、どんな恐怖からも救われる。(40)」

「ここでは、堅い意志を持つ者はひとつの決断をする。だが、クルの王子よ、意志が弱い者は、些細なことに気を取られて、際限なくさまよう。(41)」

「愚か者はヴェーダ聖典の華やかな言葉を喜び、「これ以外には何もない」と言って (42)」
「欲望にふけり、天界への再生を求めて、快楽や権力を手に入れるための多様な特別の儀式について語り続ける。(43)」
「快楽と権力に執着して分別を奪われた人々には、三昧に入るための不動心は存在しない。(44)」

「ヴェーダ聖典は三つのグナ（要素）を扱う。アルジュナよ、三つのグナを超越せよ。相対を離れて、常にサトヴァ(善性)にとどまり、富の取得や保持を考えず、真我を確立せよ。(45)」

「至る所で水が溢れている時には、貯水池が要らないように、知識のあるバラモンにとって、すべてのヴェーダ聖典は必要ない。(46)」

「汝の任務は行動することであり、結果を求めることではない。結果を求めて行動してはいけない。無為に陥ってもいけない。(47)」

「アルジュナよ、執着を捨て、成功にも失敗にもこだわらず、ヨーガに立脚して行動せよ。心の平静がヨーガ（実践）であると言われる。(48)」
「結果を求めて行う行動は、平静な心で行う行動にはるかに劣る。平静な心に身をゆだねよ。結果を求めて行動する者はあわれである。(49)」
「平静な心を得た者はこの世で善行にも悪行にもとらわれない。だから、ヨーガに専念せよ。完成をめざす行動がヨーガである。

(50)」

「平静な心を持つ賢者は、行動の結果を捨てて、出生の束縛を離れ、煩いのない境地に達する。(51)」

「汝の知性が妄想の汚れを乗り越えた時、汝は今までに聞いたことと、今後聞くことに無関心になるだろう。(52)」

「錯綜した聖典の説明に翻弄されていた汝の知性が不動になり、真我に安定すれば、汝はヨーガに達するだろう。(53)」

アルジュナ

「おお、ケーシャヴァ（クリシュナ）よ、不動の知恵を得て三昧の境地に入った者の特徴は何か。知恵を確立した者はどのように語り、どのように坐り、どのように歩くのか。(54)」

スリー・クリシュナ

「アルジュナよ、心にあるすべての欲望を捨てて、自ら真我に満足した時、知恵を確立した者と言われる。(55)」

「苦難に動揺せず、幸福を求めず、愛着と恐怖と怒りを離れた者は、不動の知恵を確立した聖者と呼ばれる。(56)」

「どこにも愛着がなく、幸運を得ても喜ばず、不幸に遭っても悲しまない者は、知恵が確立している。(57)」

「亀が四肢を引っ込めるように、感覚をその対象から引っ込めることができた時、その人の知恵は確立している。(58)」

「断食をすれば、味覚以外の感覚の対象が消える。最高の実在を直観すれば、味覚も消える。(59)」

「アルジュナよ、興奮した感覚は、解脱をめざして努力する賢者の心をも、容赦なく奪い去る。(60)」

「すべての感覚を支配し、私に意識を集中して坐れ。感覚を支配した人の知恵は不動である。(61)」

「感覚の対象を思えば、それに対する執着が生まれる。執着から欲望が生まれ、欲望から怒りが芽生える。(62)」

「怒りから妄想が生まれ、妄想から記憶の混乱が生まれる。記憶が混乱すれば、理性を失う。理性を失えば、破滅する。(63)」

「感覚を支配して、好き嫌いの感情が消えたヨーガ行者は、感覚の対象の中にあっても、平安にたどりつく。(64)」

「平安の中で、すべての苦悩が消える。平安を得た人の知性はすぐに確立するからである。(65)」

「気まぐれな人には知恵がなく、瞑想もない。瞑想のない人には平安がない。平安のない人に、どうして幸福があろうか。(66)」

「強い風が水上の船を押し流すように、浮動する感覚に追随する心は分別を奪い去る。(67)」

「だから、アルジュナよ、感覚がその対象から完全に離れた時、その人の知恵は確立する。(68)」

「自己を支配した聖者は、万物にとっての夜に目覚める。万物が目覚める時は、アートマンを知る聖者の夜である。(69)」

「川の水が流れ込む海は、満たされながら不動であるように、どのような欲望が流れ込んでも、聖者は平安に達する。欲望を求める者に平安はない。(70)」

「すべての欲望を捨てて、願望がなく、「私」「私のもの」という思いを持たずに行動する者は、平安の境地に達する。(71)」

「アルジュナよ、これがブラフマン（梵）の境地である。この境地に達すれば、迷わない。臨終の時にこの境地に達する者も、ブラフマンとの合一（涅槃）の境地に入る。(72)」

Chapter 2.

第2章
叡智のヨーガ 精解

II. atha dvitīyodhyāyaḥ.
(sāṅkhyayogaḥ)

sañjaya uvāca

taṃ tathā kṛpayāviṣṭam aśrupūrṇākulekṣaṇam

viṣīdantam idaṃ vākyam uvāca madhusūdanaḥ 2.1

サンジャヤ

「沈痛な面持ちで、眼に悲哀の涙を浮かべたアルジュナに、マドゥの殺戮者（クリシュナ）は次のように言った。(1)」

ここでは、クリシュナのことを「マドゥの殺戮者（マドゥスーダナ）」と呼んでいます。これは悪魔マドゥを滅した者という意味です。クリシュナもかつては戦士であり、悪魔マドゥと戦ってきたからこそ、アルジュナの気持ちが理解できるのです。

ここで言う悪魔とは、この世界のネガティブな波動、私たちの心の中にも存在するネガティブな部分のことを意味します。アルジュナは、自らをネガティブな闇の波動の中に追い込みながらも、光を切望しています。

この章でクリシュナは、アルジュナの心の中のネガティブな部分を滅していきます。

アルジュナが、感情的に混乱していないことや心が死んだ状態にも陥っていないことは、「目に悲哀の涙を浮かべた」という状態から推察できます。アルジュナの心の中では、理性も情も共に鋭敏に高まっている状態になっています。情が高まった悲しみと理性が高まった哀れみによる気持ちが、悲哀の涙として表現されています。

私たちはいつでも、低次の自己、高次の自己の働きを選ぶことが出来ます。ただし、両方同時に選ぶことはできません。絶望を感じている状態を維持しながら高次の自己を選ぶことは不可能です。絶望は心を閉ざす方向にあり、高次は心を開く方向にあるからです。ここでクリシュナ（マドゥスーダナ）が、アルジュナの心のネガティブな部分の象徴である絶望を滅するように誘導することにより、アルジュナは高次へと向かう準備が整います。

人は、低次の自己に留まる限り、心も意識も低次の現象にしか反応できなくなります。

意識が低次に閉じこもることが習慣化すると、美しいものを見ても美しくないところを探そうとしたり、幸せな人を見ても祝福できずに妬んだりとネガティブになっていきます。

真の美しさよりも、物質的な虚飾を好むようになります。真の富よりも、物質的な金銭を欲しがります。真我から遠ざかり、自分自身を信じる心も失われ、他人の情報に振り回されることになります。

人は、誰でも心の中に持つこのような低次の自己から離れる必要があります。アルジュナはクリシュナの誘導によって、低次の自己から離れることになるのです。私たちもこの聖典を十分に理解することによって、同じ助けが得られるよう意図されています。

そして、ここで何よりも必要なのは、自分自身の神との合一を願う強い意志です。

śrībhagavān uvāca
kutas tvā kaśmalam idaṃ viṣame samupasthitam
anāryajuṣṭam asvargyam akīrtikaram arjuna 2.2

klaibyaṃ mā sma gamaḥ pārtha naitat tvayy
upapadyate
kṣudraṃ hṛdayadaurbalyaṃ tyaktvottiṣṭha paraṃtapa 2.3

スリー・クリシュナ（バガヴァン）
「この危急の時に、天国への道を閉ざす、尊敬に値しない、恥ずべき弱気はどこから来たのか、アルジュナよ。(2)」
「プリターの子（アルジュナ）よ、弱気に陥ってはいけない。それは汝に似合わない。つまらぬ弱気を捨てて、立ち上がれ。敵の

征服者（アルジュナ）よ。(3)」

クリシュナは、弓を手放しふさぎ込むアルジュナを鼓舞します。スリー・クリシュナの「スリー（Sri）」とは、ヒンズーの神や聖者、聖職者に付ける敬称のことです。

まず、アルジュナが第1章の第31節から45節までの後半部分で提示したさまざまな不安や問題に対して、まだクリシュナは答えていません。あの時点でアルジュナの不安に一つひとつに答えることは、根本的な解決にはならないからです。

燃え盛る火から多くの煙が出ている場合、煙だけ追い払っても意味がありません。煙で見えない火元を消せば、煙を断つことができます。それと同じように、さまざまな不安に個別に対処していくよりも、不安を発生させた根源に対処すればよいということになります。

まずクリシュナは、弓を手放してしまったアルジュナの心を再び奮い立たせます。

戦士であるアルジュナが弓を手放すということは、自らの使命を放棄することを意味しています。放棄する前までのアルジュナは、今回の戦争にも満を持して臨んでいたのです。

「満を持す」とは、弓を最大限に引いて張りつめた状態を言います。あとは狙いを定めて矢を放つ直前の状態を示しています。ところが満を持していたはずのアルジュナは、その弓を手放してしまいました。

人は誰もが、この地上に使命と目的を持って下りてきます。それを放棄することを、クリシュナは恥ずべきことであると明言します。

ここでアルジュナのことを「プリターの息子」と呼びます。プリターは、アルジュナの母クンティのことであり、クリシュナの父の妹です。前章では母の名前を出して、無償の愛の気持ちを引き立たせていました。

今回は母の名前を出すことで、その高貴さを思い起こさせています。アルジュナは、高貴なクシャトリヤ階級（王族・武人階級）の血筋に生まれています。社会的な階級ではなく、精神的な階級という観点から観ると、心の弱さは、人間の高貴さとは相いれないことを示しています。

弱った心は、人生に問題を作り出します。心が弱ってしまうのは、自分の心に備わっている神から授けられた本当の力を忘れていることに起因します。

クリシュナは、ここでアルジュナを「敵の征服者よ」と鼓舞します。これは、自分の中の弱い心を克服し、悪しき部分を征服しなさいという思いが込められています。

物質界での誘惑に身を任せ、自らの神性を省みない状態から霊性進化の道へと心を向けるには、神性を思い出そうとする強い決意と勇気が必要です。

これこそが地上に下りた人が、神から授けられた資質の一つです。

地上に下りた人間は、その強い地場にひきつけられて、輪廻転生から解脱して再び天界へと還ることが困難になります。そこで、地上に下りる前に神から授かるものがあるのです。

日本においては、「三種の神器」と言われています。

三種の神器は、日本神話において天孫降臨の際に天照大神が瓊瓊杵尊（ににぎのみこと）に授けたとされる三種類の宝物として表現されています。

八咫鏡（やたのかがみ）
八尺瓊勾玉（やさかにのまがたま）
草薙剣（くさなぎのつるぎ）

「三種の神器の本質」を理解しておくことはとても重要

なので、ここで少し言及しておきましょう。

三種の神器の本質は、地上にある物質ではなくエネルギーにあります。物質は、あくまでそのエネルギーの性質を忘れずに継承するための形代(かたしろ)です。

では、これらはどこにあるのでしょうか。

地球上のさまざまな場所、日本の山岳地帯にも、実際にその象徴は存在します。

でも、生きた三種の神器が存在します。それは、実は私たち一人ひとりの魂の中です。

私たちが神の領域から離れて地上に降りてきたときに、再び神の領域に帰るために必要なものが神から授けられて、私たちの魂の中に内在されているのです。

三種の神器については様々な解釈がなされていますが、私たちに内在する三種の神器は、人が「神が代」へ戻るために必要なものが象徴されています。

そこにはとても深い意味が隠されているのですが、簡単に言うと次のようなものになります。

八咫鏡（やたのかがみ）

「鏡」は、ありのままの姿を正しく見ること。つまり、再び神へと向かう意志を象徴しています。私たちが神の分け御霊であることを忘れないようにする道具です。

八尺瓊勾玉（やさかにのまがたま）

「勾玉」は、智慧・純粋理性・純粋知性の象徴です。天から降臨してもこれを保つことができれば、再び神の世界へと帰ることが容易になります。地上での神聖さを保つ道具です。

草薙剣（くさなぎのつるぎ）

「剣」、これは勇気です。一度地上に降りてしまうと、再び神の世界に帰るには勇気が必要になります。剣は勇気を保つ道具です。

この地上世界の二元の極性の中では、人は「すべては一つにつながっている」という実在の本質から離され、万物が独立したものと見なす特殊な分離意識を持つことになり、そのおかげで地球は魂の修業の場になってきました。

ただこの分離意識は、上手くいけば大きな霊的成長が見込めるものの、魂の解脱のときには大きな障壁となって立ちはだかることになります。その障壁を乗り越えるための道具が、各々の魂に内在され、三種の神器に象徴されているのです。

私たちは、自分に内在する三種の神器を使って、「神が代」へと戻っていくことになります。

どんなことがあったとしても、魂の中に三種の神器があることは忘れないでいただきたいと思います。

「真理によって腰を強固にして、神の武具を身にまとって立ちなさい」(エドガー・ケイシー 802-2)

「あなたが今、置かれている境遇は、物質的にも、精神的にも、霊的にも、あなたがより大きなもの、さらに優れたものを成し遂げるために必要な成長をもたらしてくれるものである。あなたは、今の状況で全力を尽くし、やり通さなければならない」(エドガー・ケイシー 311-5)

「それは汝に似合わない」、クリシュナはアルジュナにこう言いました。

勇敢なアルジュナは、すでに神の道を歩み始めています。それにも関わらず弱気になるなど全く似合っていないと指摘しています。これはアルジュナに本来の姿、すなわち神の子として、永遠不滅の存在としての姿を思い起こさせようとしています。アルジュナにも、クリシュナと同じ霊的原子が備わっているのです。

英語の「Virtue（徳、美徳）」の語源は、サンスクリット語の「vira（英雄）」に由来するとされています。英雄は、美徳を備えた行動が求められるのです。

このクリシュナの言葉は、日常における私たちへの問いかけになっています。不安や恐怖心から人生の戦いを避けたり、正しい行動を自粛することなく、霊的な道を精進しているかを確認する言葉です。

何事も怖れることなく、すべてに対して愛と思いやりの気持ちを持って行動しているか、すべての人の中に、自分の中に真我を見ているかを確認しています。

弱気を捨てて、勇気を持って立ち上がること。勇気とは、何か特別なことをするときだけのものではありません。本物の勇気とは、毎日の一瞬一瞬を、純真に、丁寧に生きることです。

「いかなる人生の嵐、喧騒、混乱の中にあっても、平然とそれを達観し、永遠無限なる霊的存在としての「あなた自身」は絶対に惑わされることがないという強い信念を持たなければなりません。困難には正面から向き合い、それを克服しなければなりません。その中においてこそ、性格が形成され、霊性が磨かれ、真我を発見していくことになるのです」（シルバー・バーチ）

「死はたいしたことではない。苦痛もたいしたことではない。しかし、怖がり、臆病に生きることは万死に値する罪であり、これ以上の恥辱はない」（北米先住民の言葉）

「すべての生物を、創造主と同じ質を持つ霊的原子として見ている者は、物事を正しく理解している。それならば、その者に幻想や不安が起こりえるだろうか？」（イーシャ・ウパニシャッド）

arjuna uvāca
kathaṃ bhīṣmam ahaṃ sāṅkhye droṇaṃ ca
madhusūdana
iṣubhiḥ pratiyotsyāmi pūjārhāv arisūdana 2.4

gurūn ahatvā hi mahānubhāvān
śreyo bhoktuṃ bhaikṣyam apīha loke
hatvārthakāmāṃstu gurunihaiva
bhuñjjīya bhogān rudhirapradigdhān 2.5

na caitad vidmaḥ kataran no garīyo
yad vā jayema yadi vā no jayeyuḥ
yān eva hatvā na jijīviṣāmas

tevasthitāḥ pramukhe dhārtarāṣṭrāḥ 2.6

アルジュナ

「クリシュナよ、尊敬に値するビーシュマとドローナに、どうして弓矢を持って立ち向かうことができようか。(4)」

「この偉大な師匠達を殺すくらいなら、乞食をして生きる方がはるかに良い。彼等を殺せば、この世で得られる富も快楽も血にまみれるだろう。(5)」

「我等が彼等に勝つべきか、彼等が我等に勝つべきか、どちらが良いのか、私にはわからない。ドリタラーシュトラの息子達は我等の前に立っている。彼等を殺して生きていたいとは思わない。(6)」

武器を手から落とし、沈黙の状態でうなだれていたアルジュナは、ついに語り始めます。

うなだれているというのは、足元を見直すということです。浮ついた心を一度地につけることを意味します。

人生で最大の危機がやってきた時、その状況に圧倒され、力が抜けたり、震えが止まらなくなることが起きます。これは、真実を真摯に探求し、神聖な真我をしっかりと見つめなければならない地点に到達したということになります。

尊敬に値するビーシュマやドローナたちは、アルジュナたち５人兄弟がサイコロ賭博で危機になった時も、謹慎期間を終えて世の中に復帰した時にも、和平交渉にも、彼らのことを公平に見て、意見を述べてくれていました。

それにもかかわらず、彼らがドゥルヨーダナ側についたのは、執着に加えて金銭的な援助を受けていた影響があります。本来はそのようなことで悪しき側に手を貸すべきではないはずなのですが、これは利己主義と金銭の欲の怖さを物語っています。

現代社会では、金銭のために人としての道義を外れる人が数多くいます。お金と人の正義、道義などは本来比べることすら出来ないはずのものです。それがこの物質世界では、時に命や信頼、愛よりもお金を優先してしまうという、おかしくも悲しい現実があります。それはこの世では、低次の自己のままでも偽りの社会的成功を収めることができるからです。

でも、長い輪廻転生の中では、そんな視野の狭い生き方は全く通用しません。人が生きていく上で、「金銭」から完全に離れて物事を考えることが出来たなら、世界は大きく変わることでしょう。

「もしもあなたが金銭的なことを最優先するのであれば、

正しい道を見失うでしょう。もしも理想を最初に定めるならば、金銭面は後からついてくるでしょう。最初にすべきことは最初に行いなさい。まず、愛するということを学ぶのです。なぜなら、地球とそこに繁栄するものは神の内に在るのですから」(エドガー・ケイシー 3653-1)

権力が悪しきものだとわかっている場合には、どのように振舞うかも大きな課題になると思います。基準は、人に大きな負の影響を与えるかどうかだと思います。

歴史上にはさまざまなタイプの権力に負けずに、信念を貫く人たちも無数にいました。江戸時代のキリシタンには、信念を公にして殺された人もいれば、隠れキリシタンとして信念を貫く生き方をした人たちもいます。

イタリア出身の哲学者であり科学者でもあったジョルダーノ・ブルーノは、コペルニクスの地動説を擁護したことで有名ですが、その理論が当時のキリスト教に反することであったために、火刑に処せられました。彼はまず、キリスト教に反する地動説を唱えた罪で捕らえられ、サンピエトロ寺院の地下の石牢に８年間も幽閉されます。

それでもブルーノは、拷問や処刑を覚悟の上で、自分の信念を変えることはありませんでした。間違っていることを正しいとは言えなかったのです。カトリック教会は、自分たちの権力を守るためにブルーノの処刑を決定します。

ブルーノは、自著『無限・宇宙・諸世界について』の中で「触れることも、見ることもできないという理由だけでその存在が否定されるのであれば、実体の存在を否定することになる」と述べています。

彼のこの信念は、火炙りの刑を提示されてもなお曲がることがありませんでした。彼は処刑を前にしても、教会側の枢機卿らに毅然とした態度で「もしあなたたちが正しい真理の元にいるのであれば、判決を下したあなたたちのほうが、私より恐れているはずだ」と述べたと伝えられています。

ブルーノには、自分の信念を曲げることによって処刑を免れて釈放される選択もあったと思います。それでもブルーノは、自分の命を懸けて正しいことを主張する意志を貫き、それは後世の多くの人に影響を与えたと言われています。自分の歩んでいる道が正しいと確信したときの人の強い意志とはすごいものだと思います。

ブルーノの処刑から16年後に、ガリレオ・ガリレイが地動説を巡って、ローマ法王の法廷に呼び出されます。ブルーノと同じく、地動説によって聖書に反した罪です。

でもガリレオはブルーノとは違う行動をとりました。

ガリレオは、法廷で次のように言いました。

「太陽が地球の周りを回っていると、聖書がそう言うのであれば、すべての預言者たちがそう言うのであれば、絶対的権力を持つ法王がそう言うのであれば、私は謝ります。皆様が私に、太陽が地球の周りを回っていると言ってほしいのであれば、そのように言いましょう。

でも、太陽は私の言うことを聞いてくれません。私は謝りますが、それでも地球は私の命令など聞くこともなく、太陽の周りを回り続けることでしょう。私には地球が太陽の周りを回っていても止めることはできません」。

ガリレオは自分の信念など、神の力の前ではとるに足らないことという思いによって、死刑を免れたのでした。

この当時、ほとんどの人は地球に青いお茶碗のようなものがかぶさっていて、それが空だと信じていたようです。でも、コペルニクスもブルーノもガリレオも、空には覆いはなく、広大な宇宙が広がっていることを知っていました。でも当時は、その事実を信じる者は異端だったのです。

日常生活をしている普通の人の感覚では、地球が太陽の周りを高速で回っているなどとは、夢にも思わないことでしょう。日常の経験からも推測することは出来ません。でも地球が太陽の周りを回っていることを証明して示す人が現れた時に、人々の意識も大きく変わるのです。

このことを今の状況に置きかえてみると、多くの人は、一人ひとりの中に真我が宿り、不滅の存在であることなど考えたこともありません。それは、普通の人の実生活での経験からは得られることではないからです。

ヴェーダの知識を毎日追求する人などは異端かもしれません。でも近い将来、それらが当たり前の認識になっていきます。

すでに、輪廻転生によって肉体を変えていくことも、魂が永遠不滅であることも、霊的な師によって示されています。それが多くの人に真実だとわかれば、無意味な争いも、物質中心主義も、利己主義も消えていくはずです。

アルジュナは、「この偉大な師匠達を殺すくらいなら、乞食をして生きる方がはるかに良い」と言いました。

アルジュナは第１章でも「私が彼等に殺されようとも、私は彼等を殺したくない。クリシュナよ、三界の王座を得るためにも彼等を殺したくないのに、地上の王座を得るために、殺すことができようか。(35)」とも言っています。

今回の戦いが始まる前からすでに、アルジュナは凄腕の戦士として天下に知られていました。

狩人に姿を変えた最強の相手であるシヴァ神とも戦っています。その戦いの後で、シヴァ神はアルジュナの勇気を認めて、褒美として「パーシュパタ・アストラ」という天界の武器を授けています。彼の優れた才能には、そのほかの神々からもお墨付きが出されています。

戦士としての師匠であるドローナ師からも、アルジュナの免許皆伝を祝って、最強と言われる武器を授かっています。この武器があれば師匠であるドローナですら敵ではないことをお互いに知っています。アルジュナはそこまで強く、敵が武力で勝てる相手であるにもかかわらず、戦いたくないという気持ちが強いのです。

アルジュナは、戦って勝つべきか、戦わずに負けるべきか迷います。

もし勝利をつかんだとしても、敵を殺してしまったら別の次元では敗北となってしまう。この記述は、霊性進化に入る人の徳性を、アルジュナを使って表現しています。人を騙し、人を殺して物質的な富を得ることによってでも、この世の法則では偽りの成功者になることが出来ます。ただし、それと同時にあの世では、大きなカルマという負債を抱えることになります。

人を傷つけない、これはとても重要なこと。

今、世界で起きているどんなことであれ、その背後にある高次元の計画は、地上の人間には計り知れないものがあります。一見、破壊的に見える現象が、新しい世界のために必要であったり、悲惨な現実がカルマの解消や人々の愛と慈悲の心を目覚めさせるものであるなど、人はいつも後になってから理解するものです。

そのような中で留意しなければならないことは、何かを言葉にしたり行動を起こすときに、建設的創造的であるかどうか、人を傷つけるようなことがないかどうかということです。誰も傷つけず、何も犠牲にしない生き方ができるかどうか。まさにアルジュナが悩んだ点はそこにありました。善と悪という概念も、何ら普遍意識に根ざしたものではないのです。

アルジュナは、自分のことだけでなく、敵味方の区別なく、すべての人を思いやる気持ちと献身的な意識、この世の富を捨てても高い志を優先する姿勢、無執着という解脱への一歩を歩み始めていることがわかります。これは輪廻転生の最終段階です。

「ビーシュマとドローナに、どうして弓矢を持って立ち向かうことができようか」。

これは霊的解釈では、アルジュナの心の中にある「ビーシュマ（自我、利己主義）」と「ドローナ（過去世からの性質）」を消すことなど出来ないという、アルジュナの葛藤を表現しています。

自我と利己主義を滅することは、それほど大きな敵と向き合うことであり、ほとんどの人が立ち向かうことすらしないことでもあります。
自我を滅した人たちの生活を語る逸話はたくさんありますが、ここでその中の一つをご紹介しておきましょう。
江戸中期の禅僧で臨済宗中興の祖と称される白隠慧鶴（はくいんえかく）禅師の逸話です。

白隠禅師の名は、悟りを開いた高僧として広く知れ渡っており、全国の僧侶をはじめ、大名や武士、農民から町民まで、あらゆる階層の人々が教えを求めて禅師のいる松蔭寺を訪れていました。
禅師は、寺の大広間で数百人の人々に講話をしたり、田んぼの畦道に座り込んで農民たちに説話をしたりして、すべての村人たちから慕われていました。

ある時、白隠禅師の村の未婚の娘が妊娠しました。現代とは違い、江戸時代の未婚の妊娠はあってはならないことです。激怒した父親が、娘に相手は誰かと問い詰めました。

娘は父親が怖くて、本当の相手のことを言えませんでした。娘は、皆に慕われている禅師のことを咄嗟に思い、「私のお腹の子の父親は白隠禅師です」と嘘をついてしまいます。

それを聞いて怒った父親は、白隠禅師の寺へと怒鳴り込んでいきました。すると師は、何の言い訳もせず「おまえの娘がそう言っているのであればそうだろう」と答えたのです。

この話は、瞬く間に村中に伝わり、師の名誉は汚名へと変わり、村人たちからは軽蔑され、師が堕落したと去っていく弟子もいました。

師は誤解されたまま、何も言いませんでした。そして、その娘が産んだ赤子を引き取り、育て始めました。もともと師は、身寄りのない子供たちを寺で引き取って育てていたのです。でも、その子供たちのことまでも、きっと師の隠し子なのだろうという心ない噂が流れました。

やがて禅師のいる寺には誰も行かなくなり、師の講話に耳を傾ける人もいなくなりました。師が寺の外へ出ると、すべての村人が師を軽蔑のまなざしで見ました。

しかし三年後、とうとう良心の呵責に耐え切れなくなった娘が、父親に嘘をついてしまったことを告白し、本当のことを話します。

父親は真実を聞いて仰天して、すぐさま師の元へお詫びに駆け付けました。すると師は、にっこりと笑い、「そうか」と一言言って、子どもを娘に渡しました。

これは白隠禅師の自我を滅した心の広さを表した逸話として知られています。

禅師はすでに自我を滅していたために、どんなことがあっても、嘘は本当ではないから気にすることはなく、本当のことであれば本当であるから気にすることもない、という境地に在ったのです。

生きていれば、理不尽なこと、納得できないこと、腹立たしいことなどが、たくさんあることでしょう。そして、自我によって振り回されるのです。

白隠禅師ほどにはできないとしても、そういった一つひとつの出来事を許していくたびに、自分の心が広く美しくなり、人として成長していくものだと思います。

誤解されても、自分の心を中心に生きることの素晴らしさ、許すことの素晴らしさを、白隠禅師からあらためて教えられます。

「地上での生活は、一日一日が挑戦すべき課題です。どのような次元の問題であったとしても、自ら克服すべきものとして受け入れるべきです。内なる霊性さえ発揮できれば、前進を阻むものは何もありません」（シルバー・バーチ）

kārpaṇyadoṣopahatasvabhāvaḥ
pṛcchāmi tvāṃ dharmasaṃmūḍhacetāḥ
yac chreyaḥ syān niścitaṃ brūhi tan me
śiṣyasteham śādhi māṃ tvāṃ prapannam 2.7

「私は弱気に圧倒されて理性を失い、何をすべきか迷っている。願わくは、何が良いのかをはっきりと語りたまえ。私はあなたの弟子である。あなたに救いを求める私を導きたまえ。(7)」

アルジュナはここでクリシュナの導きを請います。アルジュナは自力では成しえない高い視座を求めています。

これはアルジュナが大きな変換の時期にいることを示しています。

霊的進化において、より高い視座を求めることはとても良いことです。

戦国時代から安土桃山時代にかけて茶聖の地位を確立した千利休。彼の茶道の心得は、弟子たちによって百の和歌にして残されています。

その第一首は、「その道に 入らんと思ふ心こそ 我身ながらの 師匠なりけれ」。どんなことでも、その道を探し求める強い決意こそが、自分の立派な師匠となり、その道を歩む強い原動力となることを詠っています。

「求めよ、そうすれば、与えられるであろう。捜せ、そうすれば、見出すであろう。門を叩け、そうすれば、開けてもらえるであろう。すべて求める者は得、捜す者は見出し、門を叩く者は開けてもらえるからである」（マタイによる福音書 7:7-8）

「もしいつも探求心があるのであれば、智慧はやってくるだろう」（北米先住民アラパホー族）

アルジュナは、多くの戦争で勇者として活躍してきました。これまでの戦争でアルジュナは、あたかもすべてを知り尽くして振る舞っているかのような勇敢な態度を示していました。でもそれは、アルジュナが表面的には完璧な戦士であっても、完全な無智の状態であることからくるものでした。

人は完全な無智の状態では、恐ろしいほどに無慈悲でいられるものです。相手の立場や命を考えることなく、戦い、殺すことができるからです。この時期には、低次の自己を高次の自己と完全に勘違いしています。

人は、無智により利己心が強くなればなるほど、あとで自分の苦しみが大きくなっていく行為を繰り返すことになります。

クリシュナは、戦争の英雄アルジュナのことを、「クリパナ（無明（無智）にいる者)」と呼びました。

無明にいる者とは、自分の本質を理解していない人のことを示しています。クリシュナがそのように呼んだのは、アルジュナは表面的、社会的には勇敢で志高く王家の気品ある戦士でしたが、もっと本質的な高次の視点から観た時、この時点でのアルジュナの意識が、無智の中に埋もれていたからでした。

無智の状態から叡智を理解し始める段階、無慈悲から慈悲への移行期間に入ると、その状況に圧倒されてしまいます。アルジュナが、良心の呵責に押しつぶされて、弓を投げ出して苦悩した段階です。

エネルギーの流れの変化は、心の状態に大きく影響します。日中から夜に移行する夕暮れ、夜から朝に移行する夜明け直前、苦しみから喜びに移行する混在した気持ち……、大きな変遷が起こるのです。

ちなみに、夜明けと夕暮れの時間帯は、光と闇の二元性のエネルギーバランスがとれているために、瞑想には適しています。

その移行期を抜けると、無智の勇敢さとは違う慈悲への勇敢さが一気に芽生えます。日の出によって太陽が地平線の向こうから顔を出すと、一気に光に包まれていくように、私たちも変わらなければなりません。

オーストラリアのある元軍人の話をしましょう。

彼は、元オーストラリア軍で爆発物処理に従事し、特殊部隊ではスナイパーを務め、戦場で士官候補生の訓練を担当し、さらに退役後は傭兵として要人のボディガードを行ってきた経歴を持ちます。

軍人時代の彼は無慈悲な人でした。敵を殺すことにも躊躇なく、道路に野生の鳥がいれば、車のスピードを上げてひき殺そうとすることもありました。しかし彼は、戦場での活動で自分自身の心を見失っていき、退役してアフリカで自分探しの旅に出ました。

彼は、アフリカの大地で、密猟現場で頭をえぐり取られたゾウの無残な遺体を目の当たりにして、強い悲しみと衝撃を受けました。

今まで死体を見ても何とも思わず、むしろ率先して生き物を殺していた彼が、一頭の動物の遺体に衝撃を受けたのです。そして心が激しく乱れました。時が経つうちに、彼の中で大きく何かが変わっていたのです。

そして彼の心の中で突然、「人種差別」も「性の差別」も「種の差別」も、あってはならないことではないか、という強い思いが生まれました。彼は、ゾウの遺体を目撃した衝撃によって無智から目覚めたのです。

彼は直ちにオーストラリアへ戻ると、すぐに家を売り払い、今までの貯蓄をすべて引き出してアフリカに引き返しました。

動物たちを密猟から守る仕事を始めるために全財産を費やし、国際密猟防止基金を設立し、野生動物レンジャーの訓練と、最新軍事技術を取り入れた野生動物保護を使命とすることを決断したのです。

現地で見た当時の密猟パトロールは、動物保護の啓蒙や、訓練経験の少ないレンジャーたちによる巡回パトロールといったソフトなものばかりで、とても密猟組織に対抗できるものではありませんでした。実際、密猟は悪化する一方でした。ほとんど訓練もなく装備も貧弱だったため、銃撃戦になった場合、多くのレンジャーたちが射殺されていたのです。

彼はいままでの戦争での実践経験から得た知識を活かして、地元レンジャーにライフルや暗視ゴーグルの使い方を教え、兵士のように訓練し、密猟者を捕える実践的な保護活動を行っています。現代の最新武器を携えた組織的な密猟者に対抗するには、いままでのような巡回パトロールだけではなく、軍事的な技術が必要だったのです。

彼の精力的な指導により、多くの動物たちの命が救われ、かなりの数の密猟者が捕まっています。しかも、密猟者との戦闘も回避できて、訓練を受けたレンジャーたちは殺されることなく活動できるようになりました。

彼はいつでも人に会った時に質問をします。「何か行動を起こすべき機会があった時に、勇気を持って、今すぐに行動できますか？」

頭に思い描くだけならば、誰にでもできます。でも行動に移してこそ、本当の真価が発揮できるのです。

今、バガヴァッド・ギーターを読み始めた人は、すでに霊性を高める道に入っています。これは本を読むだけではなく、すぐに実践に移す時期にきていることをも意味しています。

自分が今まで生きてきて、得意な所から始めると長続きします。呼吸、瞑想、姿勢、行い……。

「人から聞いても、私は忘れてしまうだろう。人から見せてもらっても、覚えてられないかもしれない。私にやらせてもらえるならば、確実に理解できるだろう」(北米先住民族の言葉)

釈迦大師は、「五力」という教えを弟子たちに授けました。これは、修行者を解脱させるための五つの力（信、精進、念、定、慧）のことをいいます。

信：自分の行うことに確信を持つこと
精進：自分の行いに精進すること
念：自分の行いを心に常に留めておくこと
定：集中すること
慧：智慧を活用していくこと

密猟組織にたった一人立ち向かった元軍人のように、この五力を合わせれば、自分の遂行する行いが最大限発揮できるのです。

霊的進化の道に入った者は、衝撃的な試練も失敗や挫折も、神の計画の一部であることを理解する必要があります。

陰と陽、作用があれば反作用もあり、それらを体験することが魂の進化に繋がるからです。人は神の計画の全容を知ることは不可能であるために、そこを神への全幅の信頼によって進むしかありません。

種子を土の中に撒けば、やがて芽が出て、成長していきます。そのためには、太陽の光や暗い土や水や温度などが必要条件となります。人の霊性が芽生えて、成長する時にはその条件が、神への信頼、困難、悲しみなどになります。

視点を変えれば認識は大きく変わり、意識も自ずと変化します。人の死は、肉体的に見れば悲しむべきことですが、高次から見れば、マーヤ（幻想の世界）から解き放たれて光の世界へと還る美しいこと。

とるに足らない悩みでも、街中にいると大きな悩みに思えますが、いったん標高の高い山の上に登ってその街を見下ろしてみると、なんと小さなことを思い悩んでいたのだろうと感じるはずです。高次の視点は、想像を超えて遥かに高いところにあります。

釈迦大師は、「初発心時便成正覚（しょほっしんじべんじょうしょうがく）」と言いました。

これは、「最初に興味を持ったときには、もう成功している」という意味になります。
興味を持つことで道が開けて、それに向けて努力するようになる。するといつかは、その道の達人になるだろうということです。

植物の種子も発芽しようと決めた瞬間に、綺麗な花が開花する運命であり、ドングリも芽を出そうと決めた瞬間から大木になる運命である、というとわかりやすいでしょうか。
種子が発芽したら、どんなに美しい花を咲かせることでしょう。どんなに壮麗な樹木が形成されることでしょう。

アルジュナは、クリシュナに教えを請うことで、自分の意志をはっきりと示しました。

アルジュナは、「あなたに救いを求める私を導きたまえ」と言いました。アルジュナがクリシュナに自分の運命をゆだねたように、人が唯一自分の存在をまるごとゆだねられるのは、真我（クリシュナ）であり、神です。真我に自分をゆだねることは、心を浄化し、大きな経験に挑戦する時に大きな助けとなるものです。

「真我にゆだねる」は、ほかの言葉でも呼ぶことが出来ます。

神にゆだねる、真の光にゆだねる、真の愛にゆだねる……。

この謙虚な姿勢は、霊性進化の道を歩み始める上で、最も必要な資質になります。アルジュナは、自分の持つプライドや誇り、低次の自我のすべてを捨てて、クリシュナに自分のすべてを捧げました。

この後、真我にすべてを捧げる意志を強化するために、アルジュナは「自分は肉体」という間違った固定観念を正していくことになります。「自分は肉体だけの存在ではない」と明確になった時、クリシュナによって最高の教えを伝授される準備が整います。

「主よ、あなたの道をわたしに教えてください。わたしはあなたの真理に歩みます」（詩篇 86:11）

「すべての不安から解消されたいと切に願う人は誰であっても、万物最高の支配者、すべての困難を消し去る存在、すべての生命の源である超霊魂である至高の存在について、常に耳を傾け、讃え、思い出さなくてはならない」（シュリーマド・バガヴァータム第2編第1章5節）

ほとんどの現代人は、昼間は仕事や家事で頭がいっぱいになり、夕方は買い物や雑事で時間をとられて、夜はお酒を飲んだり、ゲームをしたり、眠ることに費やしています。余った時間は、ゴシップなどの俗世間の情報をかき集めて、満足してしまいます。

日常生活において、至高の存在を讃える習慣がある人はあまりいないかもしれません。神を思うのは、困った時の神頼みや時々神社などに行った時、神棚に手を合わせる時くらいになっているのではないでしょうか。

私たちもいずれは物質的な生活の中で、なんらかの大きな壁に突き当たる時が来ます。その時には、心から真理を求める気持ちが湧いてくるはずです。

アルジュナは、クリシュナに教えを請うずっと前から、神を敬う生活を続けてきました。いつでも神の御心にそった生活を心がけ、行動してきました。そんな中で今、自分の存在、自分の行動を根底から揺るがすような状況に置かれて、心から神の教えを請いました。

「あなたがたは、この世では悩みがある。しかし、勇気を出しなさい。わたしはすでに世に勝っている」（ヨハネによる福音書 16:33）

「次々と生じる困難に動じてはいけません。困難は、挑戦すべき課題です。困難もなく、難問もなく、障害も妨害もないようであれば、潜在する能力を引き出し、発揮する機会がないことになります」(シルバー・バーチ)

「神の御前に生きながら、神の恵みと智慧と、それを活用して理解する中で成長していくことが、魂の目的です」(エドガー・ケイシー)

na hi prapaśyāmi mamāpanudyād
yac chokam ucchoṣaṇam indriyāṇām
avāpya bhūmāv asapatnam ṛddhaṃ
rājyaṃ surāṇām api cādhipatyam 2.8

「地上で繁栄する無敵の王国を手に入れても、そこを天の神々のように君臨したとしても、感覚が麻痺するほどのこの悲しみを癒す方法がわからない。(8)」

アルジュナほどの知性と健全な肉体を兼ね備えた人物であっても、物質世界における支配では満足することはありません。むしろ大きな悲しみが残ります。それは、アルジュ

ナが物質世界を超えた神の領域を求める気持ちが高まっているからです。

神は、この世にあるどんな喜びよりも、神との霊交の喜びを求めるようになった時に、初めて神への道を開けてくれます。

この宇宙が滅びることがあっても、神の霊光は滅びることはありません。人が地上での人生をかけて、どちらを求めるべきなのかは明らかです。神の道を選んだ時に、アルジュナは永遠に悲しみを癒す方法を見つけられるはずです。

「天地は滅びるであろう。しかしわたしの言葉は滅びることがない」(マタイによる福音書 24:35)

sañjaya uvāca
evam uktvā hṛṣīkeśaṃ guḍākeśaḥ paraṃtapaḥ
na yotsya iti govindam uktvā tūṣṇīṃ babhūva ha 2.9

「敵の絶滅者アルジュナは感覚の征服者ゴヴィンダ(クリシュナ)にこう語り、「私は戦わない」と言って黙り込んだ。(9)」

アルジュナが「黙り込んだ」。この「沈黙」がとても大切なポイントになります。人は、沈黙の力を過小評価しがちです。

沈黙の本当の力を知る人は少ないと思います。ほとんどの人は、沈黙は自分で作り出すものだと思っているからです。

そうではありません。

本当の深い沈黙は、心が深い静寂に包まれたときに神から贈られるものです。

沈黙は、自分の内側に入っていく最も直接的な方法です。

沈黙は、かけがえのない大切なものを運んでくれる手段です。

頭から思考が消えた時に、自分の内側の奥深いところから声が聞こえてきます。そして、それが変容の始まりになるのです。

論理的な頭の思考では、真の答えを導くことは難しくなります。沈黙により、心を混乱から離れさせておくことはとても大切なこと。

私たちは、頭で考える他にも、沈黙に入って、心の深い部分から答えが導かれるのを待つことも出来ます。頭から導き出す答えは知識であり、沈黙から導き出す答えは叡智です。知識による答えは選択によって得られる一方で、叡智は選択のない無垢なものが得られます。

アルジュナが沈黙している間、クリシュナも沈黙していました。クリシュナは、沈黙のアルジュナを慰めたりはしません。それには大きな意味があります。

「師と共に沈黙を共有する」。

言葉を通して伝えることの出来ない深い叡智は、沈黙を通してのみ伝えることができます。

すでに深い沈黙の領域にある師の近くで沈黙することで、師の調和の恩恵を受けることができるのです。

アルジュナが沈黙になった時に、すでにクリシュナは沈黙の状態に達していました。お互いに沈黙の中にいる場合、二人の間の分離は無くなり、沈黙という一つの個が在る状態が創られます。

そこでお互いの意識が影響し合い、霊性の高さに応じて師の想念を受け取ります。霊性が高ければ高いほど、より精妙でより波動の高いものを受け取ることができます。

特定の日時に世界中の人々が一つの祈りを捧げたり、沈黙を守るという行為が行われています。これらの行為の中では個を超えた一つの意識体が生まれ、成果を上げていることが科学的にも証明されています。

沈黙の力を示す有名な話として釈迦大師の説法があります。師は、よく無言の説法を行いました。

「拈華微笑(ねんげみしょう)」という言葉があります。

これは釈迦大師が法華経や無量寿経を説いたとされているインドのビハール州の霊鷲山(りょうじゅせん)において説法した時の逸話から出た言葉です。

釈迦大師は、弟子たちの前で説法を始めることになりました。師はずっと沈黙のままでいました。しばらく経って、師は１本の草花を手に取ると、それを拈(ひね)りました。

その後も釈迦の沈黙は続きます。弟子たちは、師の意図するところが理解できないまま一緒に沈黙していましたが、その中の一人、迦葉(かしょう)だけは師の沈黙の教えを理解して僅かに微笑したのです。

釈迦は、その微笑を見て弟子たちに「迦葉の心に私の悟りの心が伝わった」と述べたという逸話が残されています。

これは、「物事の真髄に存在する無限の真理、言葉で表現不可能な深い叡智は、言葉で表すだけでは不完全であり、また完全に理解できるものではない。学んだ知識が身につき知恵となるためには体験を通して気づくことが必要であり、説法だけからではなく自らの叡智で悟ることが重要である」という師の思いが込められたものだったのです。

この迦葉は普段から地道に心を込めて修行を行う勤勉さがあったと言われています。有限の世界の制限された言葉で表現された知識に安住することなく、沈黙の力によって無限の情報を得ることが出来るということを的確に表しています。

「維摩経」にも、沈黙に関する話が収録されています。

釈迦大師の元にいる菩薩たち（悟りを求める釈迦大師の弟子たち）が在家の維摩の家へ赴きました。そこで菩薩たちは、どうしたら二元性を超える不二の法門に入ることが出来るのか（解脱の境地に至ることが出来るのか）について意見を語り合います。

三十人を超える菩薩たちが意見を発表し合った最後に、維摩は文殊菩薩に意見を求めます。すると、文殊菩薩は次のように答えます。

「私は、万物万象すべてにおいて、言葉からも思考からも認識からさえも完全に離れることこそが、不二の法門に入ることだと思います。維摩さま、私たちは皆、意見を語りました。維摩さまの考えを教えていただきたい」。

ここで菩薩たちは、維摩の発する言葉に耳を傾けるために、静寂な時間となります。そのまま維摩は、一言も発することなく、沈黙の時間が過ぎていきます。

しばらく経った時、ついに文殊菩薩は、「素晴らしい。一言一句ないこの沈黙こそ、不二の法門へ入る境地です」と称賛をあげました。維摩は、沈黙の中で伝授したのでした。この逸話は、「維摩の一黙、雷の如し」と呼ばれるようになり、「維摩一黙」という熟語にもなっています。

南インドの聖者スリー・ラマナ・マハルシは、沈黙の力を最も人々に示した聖者の一人でした。

スリー・ラマナ・マハリシはほとんど話をすることなく、沈黙の力によって人々に真理を教えていました。基本的に言葉はほとんどなく、沈黙によって伝わらない相手にだけ、少ない言葉を発していました。

そしてその沈黙を受けるために、無数の人々が師の元に集まるようになり、次第にコミュニティは大きくなり、人生最後の二十年ほどは最も崇められた沈黙の聖者として多くの人の尊敬の的となりました。

師は、沈黙の大切さをこのように語っています。

「恩寵の最高の表現は沈黙である。沈黙が最高の教えとなる」

「師が沈黙していれば、弟子の心は自然と浄化される」

沈黙は最高のイニシエーションであり、沈黙による伝授で、弟子の意識は変容していきます。

もう一つ「薫習（くんじゅう）」という言葉を覚えておくとよいでしょう。

薫習とは、お香を衣服につけておくと、その香りが衣服に移ることをいいます。

薫習は、師と弟子の間にはとても大切なことです。優れた師の傍らにいれば、その波動、その思いがいつのまにか薫習して自分の身についていくのです。

またこれは、自分自身でも行うことができます。いつでも優しい気持ちでいたり、口から発する言葉遣いを美しくしたり、ハートの思いを愛で満たせば、その波動が自分の細胞、器官、骨の隅々にまで浸透していきます。そしてその波動は外へと放たれて、他の存在にも薫習していくのです。

「薫陶」という言葉もあります。

この言葉のもともとの意味は、お香を焚きながら土をこねて陶器を作ることによって、その香りを入れ込むことです。そこから転じて、優れた指導者の波動によって、周囲の人々が感化されて成長していくことを意味するようになりました。

この薫陶という言葉を覚えておくだけでも、良い波動を意識することが出来るようになっていきます。

アルジュナとクリシュナの沈黙には、このような深い意味が隠されています。

沈黙が支配した時に、心の動揺が鎮まり、消えていきます。群衆の中でも、沈黙だけが唯一自分が完全に一人になれる方法です。

アルジュナにとって、戦争前の両軍の兵士たちの間に立つという殺気立った空気の中で、唯一自分だけでいられる方法が沈黙でした。そして、その沈黙を助け、導いたのが師となるクリシュナだったのです。

「沈黙がもたらす成果は何か？と問われれば、「自己制御、真の勇気、持久力、忍耐強さ、尊厳、敬虔さだ」と答える。沈黙は、人格の基礎である」（オヒイェサ、北米ダコタ・スー族）

ここでアルジュナは、クリシュナのことを「ゴヴィンダ」と呼んでいます。ゴヴィンダとは、完全な叡智によって悟りの境地にいる者、人に叡智を授ける者（「ゴー」は叡智という意味）。さらに、「ゴーヴィ」には全世界を守る力という意味があります。

ちなみにクリシュナは、「クリシュ（存在）」、「ナ（祝福）」を合わせた言葉で、信じる者に祝福を与える者という意味があります。この神の名前自体が強力なマントラになっています。イエス・キリストの「キリスト（Christ）」もクリシュナに由来するものと思われます。

tam uvāca hṛṣīkeśaḥ prahasann iva bhārata
senayor ubhayor madhye viṣīdantam idaṃ vacaḥ 2.10

「バーラタ王よ、この時、両軍の間で落胆するアルジュナに、クリシュナは微笑んで次のように言った。(10)」

10節では、落胆するアルジュナに対して、微笑むクリシュナが描写されています。

落胆と悲しみには少し違いがあります。悲しみは自然な感情として起こりますが、落胆には自我が関係しています。

人はいつでも簡単に落ち込み、聖者はいつでも微笑みます。

この聖典のタイトルにある「ギーター」とは、詩（歌）のことです。人は幸せな時に歌いますが、戦場ではなかなか幸せに歌うことは出来ません。クリシュナはいかなる時にでも、たとえ戦場にあっても、詩をつむぎ至福を世界に拡げていきました。クリシュナは、永遠の至福の中に在ったからです。

人は、不幸を作り出す天才です。妄想の中で最悪の事態を作り出し、悲しみを増幅させます。

これは低次の自己は落ち込みやすく、高次の自己はいつでも至福の中にいる象徴にもなっています。

人は完全な存在ではありません。だから、崇高な目的を持ち、学び、成長し、進化していくことができるのです。

これから地球が急激な変化を迎えるにあたって、多くの人にとっては予想外の困難な試練が起こることでしょう。人の否定的破壊的想念が強まれば強まるほど、宇宙からの光の強さは増していきます。地球の歴史の中で、今の時代ほど地球上に高次の光が降り注ぎ、魂を昇華させてくれる時代はありませんでした。

光が増大してきた時に、清浄な人はより清浄になり、ハートは愛と光で満たされます。一方、低次元の感情に囚われ支配されてしまった人は、降り注ぐ霊光により自分の内部に蓄積してきた不調和な波動が顕在化し、混乱する現象を作り出し、ネガティブな気持ちになることでしょう。

今この時に必要なのは、怖れることでも心配することでもなく、どんな時にでも笑いを忘れず、愛と感謝の気持ちをハートに保ち続けること。このことが一つの鍵となります。

困難は魂の進化に必要な栄養素です。いつか二元性の世界から意識が解放されて、普遍意識の視点から地上での生活を振り返ってみると、今まで経験してきた様々な試練のすべてに霊的意味があり、それによって魂が目覚め、魂の光が強まっていったことを懐かしく思い出すことでしょう。

「苦難の時に落胆するなら、力が失われる」(箴言 24:10)

多くの聖者たちがいつも笑いの大切さを強調します。

「問題を解くことができるなら、心配する必要はない。解くことができないなら、心配する意味がない」(シャーンティデーヴァ大師)

「出来る限り笑っていなさい。笑いがあなたのハートから溢れて、世界を明るくするのが見えるようになるでしょう」(東ベンガルの聖者アナンダモイ・マー大師)

「ごくささやかであっても、他人のためにしたことは、社会に大きな変容をもたらします。一度の微笑みでさえ、途方もない価値があります」(アムリターナンダマイー大師)

「あなたがたは、主にあっていつも喜びなさい。繰り返して言うが、喜びなさい」(ピリピ人への手紙4-4)

「陽気で楽しい心は良い薬となり、陰気で暗い心は骨をも枯らす」(箴言17:22)

「もっとも苦しい状況の中にあっても笑う能力がなければなりません。崇高なものを見る能力と共に、面白いところを見る能力が必要です」(エドガー・ケイシー1823-1)

「あなたの行なうことすべてにおいて楽しく行いなさい。いつでも微笑みなさい。微笑みは人の心を掴みます……沈んだ表情は人を追い払うだけになります」(エドガー・ケイシー518-1)

「笑う能力を失う人は、喜ぶ能力も失うのです。キリストの生活原理は、喜ぶことでした。主はいつでも笑いました。カルヴァリー（ゴルゴダの丘）への道でさえ。これは

ほとんど描かれることはありませんが、彼は笑ったのです」(エドガー・ケイシー 2448-2)

「悪口を言われても、言い返してはならない。罵られても，ほほ笑んでいなさい。ほほ笑むのだ！ あなたが命の川に在るからこそ、ほほ笑みは生まれるからだ」(エドガー・ケイシー 281-30)

同じ世界で同じ状況にいても、落ち込んでいる人と笑っている人では、全く違う世界になります。自分の住む世界は心一つで変化するのです。

例えば、あなたは愛する恋人と一緒に過ごす時間を最も幸せだと感じるかもしれません。でも、その恋人を何かのきっかけで大嫌いになったとします。すると、その恋人と一緒に過ごす時間が、突然最も苦痛に感じるようになります。

これは恋人が変化したわけではなく、あなたの恋人に対する認識が変わったためです。もともと恋人の本質のほんの一断片のみだけを見て愛していたために、別の断片を垣間見た時に、自分の方の認識を変えてしまったのです。

世界の見え方は、自分自身の心を忠実に反映するものです。アウシュビッツの強制収容所にいながら夕日に感動する人もいれば、巨額の富を持ちながら配偶者の浮気に悩み苦しみうつ病になる人もいます。それは、その人が置かれた状況に比例するものではなく、その人の心の持ちように比例します。

このように物事の認識の仕方を変えるだけで、世界が明るくなったり、暗くなったりします。この世界の見方は、人生の崇高な目的を遂行する上で重要な鍵となります。

アルジュナもクリシュナも共に同じ戦争に参加し、同じ危機を共有しています。でもアルジュナは落ち込み、クリシュナは微笑んでいます。全く同じ世界にいながら、世界が全く違うのです。

この状態におけるアルジュナは、低次の自己、無智の象徴であり、霊性進化の道に入ったばかりの修行者の苦悩を表しています。

一方のクリシュナは、高次の自己、真理の象徴です。

深い意識への定着は、霊的進化のためにとても重要です。毎日の思い、言葉、行動の積み重ねがなければ、魂の大きな進歩は得られません。思い、言葉、行動の波動が繰り返し心身に働きかけることで、その波動がその人を形成していきます。

普段から楽観的に笑っていますか？

それともイライラしがちでよく怒っているでしょうか？

心の在り方の積み重ねによって、その人は創られます。精神の鍛練に近道はなく、とても時間がかかるのです。次第に意識が深くなり、一度心に静寂が訪れると、時間は関係なくなっていきます。

śrībhagavān uvāca
aśocyān anvaśocas tvaṃ prajñāvādāṃś ca bhāṣase
gatāsūn agatāsūṃś ca nānuśocanti paṇḍitāḥ 2.11

スリー・クリシュナ
「汝は悲しむ必要のない人々について、悲しんでいる。しかも、汝はもっともらしいことを言っている。賢者は生者のためにも死者のためにも悲しまない。(11)」

「悲しむ必要のない人々」とは、自分の中の低次の欲望と低次の感情のことを示します。

すでに第1章から繰り返し読み解いている通り、多くの性質が擬人化して説明されているため、それを深く読み解いていかなければなりません。

人はどんなものでも最初は擬人化して覚えていくことを好みます。子供の頃は、ゾウさんやキリンさんも人と同じ目線や考え方をしていると考えますし、アンパンや機関車など生物以外のものも擬人化して考えます。

多くの人が大人になっても神様を擬人化することを好むのは、そのような子供の頃の習慣も影響していますが、人は基本的にすべての存在を、自分と同じ人間目線で考える癖があるのです。

そして逆に、擬人化されたものを本来のエネルギー状態に戻して考えることはとても苦手です。それが聖典を読み解くことが出来ない要因の一つとなっています。

神は、人ではありません。その多様な性質ごとにさまざまな神々に擬人化されていますが、霊性進化の道の途中までくれば、やはり聖典と同じようにエネルギー状態を深く読み解いていかなければなりません。

「賢者は生者のためにも死者のためにも悲しまない」とは、賢者は生死を超越した高い境地から観ることを教えています。低い次元の欲望に執着することなく、崇高な目的と広く高い視野に立ってみてみると良いということを示唆しています。
この言葉は、アルジュナが第1章で提示した不安に対する答えにもなっています。

「もっともらしいこと」とは、アルジュナが第1章の第31節から45節までの後半部分で提示したさまざまな不安や問題を指しています。
アルジュナがこれらの不安や問題を投げかけた時には一切答えなかったクリシュナですが、ここからは、自力では問題解決できなかったアルジュナを神の摂理に沿った方向へと導いていきます。

今回の戦争の前に、クリシュナがドゥルヨーダナの元に単身乗り込み戦いをやめるよう説得しに行った際、アルジュナはクリシュナに対して次のように意見を述べています。
「これは正義の戦いです。彼らに平和的解決を申し出るなど、時間と労力の無駄でしかありません。天国か地獄で彼らと一緒になることがあったとしても、この地で一緒になることなどありえません」。
この時点ではアルジュナは、今回の戦争を「正義の戦い」として戦う意欲満々でした。ところが、クリシュナに両軍の真ん中に連れて行ってもらい、中庸に立ってみた途端に戦意を喪失したのです。

このことは、開戦前にはアルジュナの意識における視野が狭く、偏っていたことを示しています。

ここからクリシュナは、アルジュナの霊性進化のために叡智を説き始めます。クリシュナとアルジュナは長い付き合いで、友人でもあり、アルジュナの妻の兄という親しい関係でした。

でも、一度も神の叡智をアルジュナに話したことはなかったし、クリシュナが神の化身であることもアルジュナは知りませんでした。

神は常に私たちと共にいます。

でも、そのことに気が付いている人はとても少ないのです。

神は、常に共に在り、私たちがそれに気が付き、より深く求めれば求めるほどより大きな愛が得られる。それは、この聖典のアルジュナとクリシュナの一連の関係の中でも示されています。

またこのことは、本当の叡智というものは、誤用されないまでに霊性を高めてからでなければ開示されないことをも意味しています。クリシュナは、アルジュナには叡智を開示しました。でも人徳のあるユディシティラにも、勇猛果敢なビーマにも開示されませんでした。

霊性進化の道を辿る途中で、さまざまな現象が起きたり、さまざまな能力が付与されることがあります。

多くの人が聖者の持つ特殊な能力、例えば、千里眼（天眼通）や天耳通、神足通（幽体離脱や瞬時に他の場所へ移動する能力）、他心通（他人の心を読み取る能力）、宿命通（過去世を知る能力）、死生智（様々な次元世界とつながることのできる能力）、漏尽通（聖者だけが持つ特殊能力）などの能力を欲しいと思うでしょう。

でもそれ自体エゴ以外の何物でもありません。

もしかすると、それを人のために役立てたいからという名目があるかもしれませんが、この名目も根底には、エゴと宇宙の叡智を無視した欲求があるのではないでしょうか。

これらの能力は修得するものではなく、心が静謐に満たされて無執着になった時に自然と身につくべきものであるとされています。

「ヨーガ・スートラ」のパタンジャリ大師は、五感を超えた超知覚の発達は心の集中を助けることを述べているものの、これらの能力はヨーガの道を進む上で身につく副産物のようなものであり、サマーディにとっては障害となると注意を促しています。禅においても、これらの能力の獲得を目的とすることは、大悟の妨げになると戒めています。

「ヨーガ・ヴァーシシュタ」には、なぜ聖者は空を飛ぶ能力を持ちながらも、空を飛ばないのかという質問を受けて、次のような答えが記されています。

「ただ欲望に満ちた者だけが、そのような能力を求める。賢者はそのような欲望には関わることはない。真我の智慧が最大の恩恵であり、それを得た賢者がそれ以外のものを望むことはない。至高の真我に達した者にとって、そのような能力は意味がない」。

サクラの花も時期になれば綺麗に開花しますが、それを冬に無理やり温室に入れて咲かせても、サクラの木自体にいいことは何もありません。巷ではチャクラを開く方法や五感を超える特定のエネルギーポイントに関する技法など、様々な情報が出回っていますが、その背後にある最も大切なプロセスと心の在り方を無視して、無理に技法を推し進めることに弊害が生じる可能性は念頭においていただいた方がよいと思います。

私も自力では不可能ですが、ある時瞑想中に周囲の人たちがグルデヴァと呼ぶ光り輝く存在にお会いして、千里眼を経験させていただいたことがあります。

驚くことにその光の存在はよく見ると、光り輝いたままでしたが、チビでデブのヒゲを生やしたおじさんの姿をしていました。私は光り輝く人たちは、皆背が高く容姿端麗だとイメージしていたので、ちょっとした驚きと発見でした。もしかすると、見た目で物事を判断するなというメッセージなのかもしれません。

それはともかく、私が見せていただいた世界は、すべてが半透明に見え、2km 先に流れる清流の川底の石までもクリアに見ることができ、さらに遥か遠くに流れる川の川底の石の裏側にいる虫までもが見えました。さらにその虫も拡大したり、その虫自体に同化したり出来たのです。

未熟な段階では、あまり個人的な内的体験を喧伝することは許されないのですが、このような経験をすると、いままでの世界観が全く違ったものになります。今まで見てきた世俗的な考えが陳腐なものに感じられ、もっと崇高な世界を知りたいという気持ちが高まります。

クリシュナが叡智を授け始めた時のアルジュナは、ちょうど世俗的な欲求や執着、狭義の愛を求める一方で、解脱という崇高な霊的進化も求めていて、その狭間にいる状態でした。それが両軍の間に立ったということです。

生まれ育った頃から親しんだ友人知人たちとの世俗的な快楽や愛着が悪いとする一方で、一人でその誘惑を滅する勇気があと一歩足りない。でも霊性を高めたいという欲求は心の深い所からやってきている……。

アルジュナにとってクリシュナが叡智を授け始めたタイミングは、喩えてみると、ちょうど美しく神々しい雪山に登りたい憧れが強いものの、一人では躊躇してしまう時に、ガイドが現れたようなものです。

natv evāhaṃ jātu nāsaṃ na tvaṃ neme janādhipāḥ
na caiva na bhaviṣyāmaḥ sarve vayam ataḥ param 2.12

「私も、汝も、これらの王子達も、過去に存在していなかったことはない。我々が今後存在しなくなることもない。(12)」

私たちの魂が永遠不滅であること、時間を超越して存在することを、クリシュナはここで明確にしています。

肉体が、誕生、成長、発展、加齢、老化、死と絶えず変化していくのに対して、人の本質である魂は永遠の存在として存在しています。

私たちは、「死」を誤解しています。

私たちの住む社会は、日常生活から徹底して死を排除してしまいました。都会に入ると、どこを見渡しても「死」はありません。人は病院で息を引き取り、路上に動物の死骸があればすぐに排除されます。現代人にとって、「死」はもはや身近な出来事ではなくなってしまったのです。そして、このことによって、死に対する大きな誤解が生まれ、定着してしまいました。

人々の霊性が低くなるにつれて、「死は個の終わり」を意味し、死によってすべてがなくなってしまうという間違った概念が当たり前のようになりました。そしていま、人は死を避け、怖れるようになっています。

この世に生きているうちがすべて、死んだらお終いという誤解が蔓延し、その結果、利那的な快楽を追求し、精神的なものよりも物質的なものを優先するような風潮が生まれました。

死を誤解することで起こる大きな弊害は、政治や経済をはじめ、あらゆる分野において散見されます。

医療分野においても、個人の尊厳よりもただ死なせないことが優先されてしまった結果、特に終末医療に関しては、真の医療からはかけ離れてしまっている状況です。

人の活動に伴って起こっている地球環境の破壊も、動物たちの絶滅も、人々が浅い意識状態のままで「死」を誤解してしまったことに、根本的な原因があります。

死を誤解し否定することで「生」までもが歪められ、人は破滅的な行動が可能になってしまうのです。

最近になって、私たちが持ってしまった間違った固定観念が、すべての苦しみ、すべての憎しみ、すべての悲しみの原因であることに、多くの人が気づき始めています。

死を避けることなく真正面から向き合い、より広い視野で正しく理解することによって、多くの人に正しい人生観と道徳観が生まれ、目先の快楽や利益よりも、長い未来へと続く行動ができるようになるのだと思います。

そしてこれは、霊性を高める上で、まず最初に確信しておかなければならないことなのです。魂は不滅であるという確信なくして、厳しく困難な道を歩くことはできません。

「肉体の崩壊（死）は､霊的世界での誕生を意味する」（エドガー・ケイシー 900-21）

「死に逝くとは、消え行くことではない、移り往くことである……そしてあなたも、「あなたが測るその物差しで、自分も測り返される」ことを実際に体験することで、移り往くという意味を知ることができるだろう」（エドガー・

ケイシー1158-9）

「霊魂が死ぬことはない。それは神に由来するものであるからだ。肉体は復活し、若返ることが出来る。そして、肉体が地とその影響力を超越することこそが究極の目標である」（エドガー・ケイシー262-85）

dehinosmin yathā dehe kaumāraṃ yauvanaṃ jarā
tathā dehāntaraprāptir dhīras tatra na muhyati 2.13

「この肉体に宿る者（霊魂・個我）は少年期・青年期・老年期をこの肉体で過ごした後、他の肉体に移る。賢者はこれに惑わされない。(13)」

輪廻転生を簡潔に表現しています。

ある賢者がこの世界は「サムサーラ」であるといいました。サムサーラはサンスクリット語で輪、輪廻を意味します。サムサーラは、輪から解脱できた人が外からその様子を見てはじめて、それが輪であると気付くものです。人々は輪のようにこの世界に輪廻転生を繰り返します。

輪の中にいる人たちは疑問に思うことなく過ごしてお

り、それゆえ輪から抜け出ることは困難を極めます。「賢者はこれに惑わされない」とは、賢者は輪廻転生の輪から卒業していることを意味します。

人は、地上でさまざまな経験を積めるように特定の肉体に宿り、学びの期間を終了したらその後に再び新しい肉体へ入ります。肉体から肉体へ、そして地球から別の惑星へと魂の霊性の高さに相応しい場を選んで、経験を重ねていきます。

ここで大切な点は、それを自覚していれば人生は有意義な過ごし方が出来ますが、何も知らずにただ生きていれば、人生は苦痛を拡大するものになってしまうということです。それは、目的地を明確に定めて旅を楽しむか、目的地を知らずにあてもなく道を迷い続けるかの差によるものです。

「バガヴァッド・ギーター」を読み始めた人は、確実に人生が有意義なものへと変容していきます。それは真我という目的地が明確になるからであり、さらにその最適な「道」を示した地図が伝授されるからです。

道とは、「ミ（御）チ（智慧）」です。神、すなわち真我が示された生き方であり、ギーターを読んで、理解し、実践することは、日本では「神ながらの道」とも称されます。

輪廻転生は、日本にはそれを示唆する言い回しがたくさんあるので、日本人には受け入れやすい考え方だと思います。

例えば、「袖振り合うも多生の縁」ということわざがあります。この「多生」とは、何度も繰り返し生まれてきた過去生のことを示しています。今生において、道で通りがかりに袖を触れ合う程度の関係であったとしても、数えきれないほどの生まれ変わりの中で、時に友人であったり、時に家族であったり、共に仕事をしていた仲間だったかもしれません。

日本では、何度も生まれ変わってくるという輪廻転生を誰もが日常的に信じているために、自然と使われている言葉の一つです。

人は生まれた時点で、王家に生まれたり、最貧のスラム街に生まれたり、健康であったり、病弱であったり、人生が順風満帆であったり、苦悩に満ちたものであったり、生まれてすぐに死んでしまう人もいれば、百年を超えて長生きする人もいます。

それでも神が完璧なまでに公明正大であるということは、輪廻転生による魂に刻まれたカルマなしには考えられないことです。今、私たちが置かれている状況や環境、身体は、完璧な因果律に従って、魂の学びに最もふさわしい状態に置かれています。

それを理解するだけでも、人生を大きく良い方向へと変えることができます。

キリスト教では長い間輪廻が否定されてきましたが、聖書の中にはいまだその真理が残されています。

「あなたがたに言っておく。エリヤはすでにきたのだ。しかし人々は彼を認めず、自分かってに彼をあしらった。人の子もまた、そのように彼らから苦しみを受けることになろう。そのとき、弟子たちは、イエスがバプテスマのヨハネのことを言われたのだと悟った」（マタイによる福音書 17:12-13）

ここでイエスは、エリヤの魂がヨハネに転生したことを指摘しています。

今の世界では、「生」と「死」という言葉が、物質世界における長い歴史の中で狭い視野で限定された観念を作り上げてしまい、真の意味での理解が成されていないという問題があります。

本来、物質界における「死」は霊界における「生」なのですが、物質界の観点からしか見ることが出来ない場合には、この現象を絶対的な死と勘違いしてしまうのです。

文字で表現すれば、物質界に生まれてくることは学ぶためにこの世に入ってきた「入学」であり、死は業（カルマ）を修了した「卒業」という言葉で表した方が適切なようです。学校を卒業するともうその学校に戻ることはなく、希望をもって新しい生活をスタートさせます。人生でも、死んでから戻ってくることはありませんが、お堅い校則のない新しい生活のほうがよほど快適なのではないでしょうか。

多くの臨死体験経験者は、再び重い肉体に戻ってくることに苦痛を感じたと述べていますし、死をこの世の終わりではなく、卒業と捉えることが多いそうです。優秀な成績で卒業するかどうかは本人次第ですが……。

「死」という言葉から「卒業」という言葉に代えるだけでも、多くの人々の中に定着した固定観念から外れて、より視野の広い観方に変わっていくように思います。実際に卒業した後は、新しい世界へ行くのですから。

「葬式」も「卒業式」に変えるだけで、遺族も癒され、新しい世界へと旅立つ本人もより心が軽くなるのではないでしょうか。

仏教には「成住壊空（じょうじゅうえくう）」という言葉があります。

一つの世界が成り立ち、安定して維持し（住）、やがて壊れていき、空に再び戻っていく。人も物質も、感情のような物質界で作られた目に見えないものも、この法則に則っています。

また禅の言葉に「日面仏、月面仏」という逸話が「碧巌録（へきがんろく）」に収録されています。

ある時、ある禅僧が重度の病にかかり、療養していました。そこへ知人がお見舞いに来ました。「具合はいかがでしょうか。早く良くなってください」と知人は言います。

禅僧は、こう答えます。「日面仏、月面仏」。

日面仏とは、千八百歳まで生きた仏様です。

月面仏とは、一日で亡くなってしまった仏様です。

この禅僧は、「人それぞれ寿命があり、長生きする者もいれば、短い命の者もいる。それは天の計らいであり、自分の意志で決められるものではない。自分に出来ることは生死を超えて、いつでも心穏やかに静謐でいること」と伝えたかったのです。

死は、すべての終わりではなく、次のステージに移行するための卒業にすぎないということを理解することによって、唯物論的な思想は取り払われ、一つの人生を超えた大きく広い視野を持って、崇高な目的のために心静かに物事を遂行できる下地が作られます。

「一つの人生とは何か？それは、夜にまたたく蛍の光の輝きであり、真冬のバッファローの白い一息であり、夕暮れの草陰にほんのわずかな時間現れては消えていく小さな影だ」（北米先住民ブラックフット族の言葉）

mātrāsparśās tu kaunteya śītoṣṇasukhaduḥkhadāḥ
āgamāpāyinonityās tāṃs titikṣasva bhārata 2.14

yaṃ hi na vyathayanty ete puruṣaṃ puruṣarṣabha
samaduḥkhasukhaṃ dhīraṃ somṛtatvāya kalpate 2.15

「クンティの子（アルジュナ）よ、感覚がその対象に触れると、寒暑や苦楽の感情が生まれる。この感情は現れたり消えたりして、長くは続かない。これに耐えよ、アルジュナ。(14)」
「アルジュナよ、これらの感情に苦しまず、苦痛と快楽を淡々と受け入れて動揺しない者は、不死に値する。(15)」

このクリシュナの言葉は、「感覚の制御」と「忍耐」という二つの重要な課題と助言が含まれます。

人間の感覚とは、相対的で刹那的なものです。私たちは、相対的な感覚を優先して日常生活を送っています。

目の前にメロンがあったとしましょう。メロン好きの人が見れば、美味しいと思います。メロンが嫌いな人から見れば、見たくもないでしょう。メロンが美味しいか不味いかを決めるのは、メロン本体ではなくそこに関わった人の意識です。

寒さも暑さも人によって全く感じ方が異なります。それらは人によって違うだけでなく、同じ人でも体調によっても時間によっても季節によっても常に変化しています。

これらは常に変化する相対的なものです。ということは、意志によって制御できることを意味しています。

肉体的な感覚器官と心は密接に関係し、感覚に与えられる無限の変化に心奪われることによって、心が顕在意識の表面部分で翻弄されることになり、深い意識へ入っていくことが難しくなります。

味覚はより美味しいものを求め続け、嗅覚はより良い芳香を求め続け、聴覚はより優雅な音を求め続け、視覚はより美しいものを求め続け、触覚はより触り心地の良い肉体的接触を求め続けます。それら各感覚器官には欲望が関与し、制御しなければ終わりがありません。

車でさえ、ブレーキはあるのです。低次の自己に従い、感覚の奴隷になるのであれば、人としてどころか、動物以下の存在へと変わってしまいます。

いつどんな時にでも「知性と理性は、感覚に勝る」ことを覚えておくべきです。

人の感覚は、

視覚、嗅覚、触覚、味覚、聴覚の５つの肉体的感覚器官

超視覚、超嗅覚、超触覚、超味覚、超聴覚とでもいうべき５つの精妙な感覚器官、

５つのエネルギー体（肉体、エーテル体、アストラル体、メンタル体、コーザル体）、

５つの機能（呼吸、循環、吸収、排泄、エネルギー循環）、

４つの心（低次の心、知性ある心、顕在意識、潜在意識）、

そして、それらすべてを統合する真我、

合計25の要素によって成り立つものです。

神は無限の存在であるにも関わらず、人の世界ですべてが有限であるのは、これらの感覚に関わる要素が限界を設定しているからです。

時間でさえ、肉体とエーテル体の感覚器官によって作り出された幻影的な制限であり、神の領域には時間という制限も存在しません。

日本には感覚を制御する言葉として「心頭滅却すれば、

火、自ずから涼し」というものがあります。

感覚の制御は、霊性進化を目指す上で重要な事項になります。インドには、「感覚の制御を伴わない霊的修業は、穴の開いた壺と同じ」という言葉があります。

感覚の制御のために必要不可欠なもののひとつに忍耐があります。忍耐は、人が霊性を進化させて高次元の意識に到達するために、最初に身に着けるべき資質のひとつです。高次の領域では、忍耐力に欠けた人が達成できることは何もありません。

忍耐力の欠如は、心の乱れを誘発し、高次の領域の繊細な能力を閉ざしてしまうのです。

釈迦大師は、この地上のことを「堪忍土」と言いましたが、これは思い通りにならないこと、理不尽なこと、苦しいことにも耐える必要がある場所という意味です。

忍耐という貴重な資質を育ててくれるのは、この地上に現れるいわゆる敵や妨害者と呼ばれる人たちです。敵対する人たちが授けてくれる逆境が、忍耐を育ててくれるだけでなく、結果的にはカルマの浄化や執着からの離脱を助けてくれるきっかけにもなります。アルジュナたちパーンダヴァ兄弟も、敵がいたからこそ霊的な進化を遂げることができました。

ところで、多くの人は忍耐を、「じっと我慢して耐え忍ぶこと」だという認識を持っていますが、それだけでしょうか？

忍耐には、二段階あります。

最初は、「我慢して耐え忍ぶこと」。困難や辛いことがあっても、心を押し殺してじっと耐えます。これは、受け身の忍耐の形です。

次の段階では、困難や辛いことがあっても、心を深い意識の中に保ち「真から平安で、心を愛で満たすこと」。これは、積極的な忍耐の形です。この積極的な忍耐が、真の忍耐です。

心が静寂の中に安定し、愛で満たされていれば、どんな困難でも辛いことがあっても、それに耐える力が授けられ、心は平静でいられます。このような境地に到達することが、忍耐の本当の姿なのです。

忍耐を、受け身の忍耐から積極的な忍耐へと変容させるには、何度も何度も困難に直面し、

克服していくしかありません。クリシュナが「感覚を受け入れて」と述べた通り、逃げるのではなく、全面的に受け入れることが大切です。

人生のさまざまな場面で、プチ忍耐が必要なことがたくさんありますね。実はそれは、忍耐を学ぶいい機会なのです。

「忍」という字は、「心」の上に「刃」を乗せています。刃は、何度も何度も心を込めて鋼を叩くことで作られます。名刀ほど、心をこめて何度も叩かれるものです。名刀を作る鍛冶屋は、心を込めて繰り返し刀を叩き続けます。

実はこの工程は、鉄の形を整えているのではありません。繰り返し叩くことによって鉄の結晶が微細化されて結晶の方向が整い強度が増していきます。さらに、結晶が整うと同時に、鉄の中に含まれる不純物が叩き出されていくのです。

名刀の刃を優れたものにするために、すべての工程がとても丁寧にとても慎重に行われます。しっかりと叩かれて鍛錬された刃は、叩かない刃とは違い、はるかに衝撃に強い柔軟かつ強靭なものとなるのです。

人の忍耐も同じです。

あまり叩かれないうちは受け身の忍耐ですが、繰り返し叩かれるうちに積極的な忍耐へと変容していきます。

人は、生きているうちは何度も何度も困難に直面します。その時に心をこめて対処することで、忍耐を少しずつ学んでいくことになります。

それは優れた刃をもつ名刀の作られ方と同じです。心の鍛錬は、一度に学ぶよりも少しずつ一歩ずつ学んでいく方が確実に成長できます。

困難に直面した時に、耐え忍ぶという受け身な態度だけでなく、より優れた忍耐を身に着けるためには、心の安定を求める積極的な行動が必要とされます。

20世紀最大の神秘家とも呼ばれるエドガー・ケイシーは、そのリーディングの中で「忍耐は愛が姿を変えたもの」と言いました。

忍耐が、我慢することだけではないと理解できると、意識は大きく変わってきます。

いきなり大きな結果を期待することも、忍耐力の欠如につながります。それよりも日々、目の前の小さなことの達成に喜びを見つけ出すことです。その小さな喜びの積み重ねが、知らず知らずのうちに忍耐を育てることになるのです。

「東からは平安と光が、南からは暖かさが、西からは雨の恵みがもたらされるように、北からの厳しい寒さは忍耐

と強さを授けてくれる」（北米スー族ブラック・エルクの言葉）

「苦難を耐え忍ぶことは、戒律を守り苦行を行うよりも尊い修行となる」（仏遺教経）

「罪が無いのに罵られ、暴力を受け、拘禁されても耐え忍ぶ力を持つ者を、私はバラモンと呼ぶ」（ダンマパダ399）

「あなた方は耐え忍ぶことによって、自分の魂を勝ち取るであろう」（ルカによる福音書 21:19）

「患難（新しい時代がはじまる前に起こる世界的な異常気象や疫病、戦争、飢餓などの苦難のこと）は忍耐を生み出し、忍耐は錬達を生み出し、錬達は希望を生み出すことを知っているからである」（ローマ人への手紙 5:3-4）

「目に見える望みは、望みではない。もしまだ見ていないものを望むなら、わたしたちは、忍耐をもって待ち望む」（ローマ人への手紙 8:24-25）

「忍耐についてのわたしの言葉をあなたが守ったから、

わたしも地上に住む者たちを試すために、全世界に臨もうとしている試練の時に、あなたを防ぎ守ろう」(ヨハネの黙示録3:10)

さて、ここでクリシュナは、アルジュナのことを「クンティの子」と呼んでいます。以前は、「プリターの子」とも呼んでいました。アルジュナの母の本名は、プリターという名前でした。それから養女となった後で、呼び名をクンティと改名しています。クンティは生命エネルギーの象徴です。

クリシュナは、アルジュナのエネルギーの質の変化を観て、このように呼んでいます。

「苦痛と快楽を淡々と受け入れて動揺しない者は、不死に値する」。

1950年に中国の軍隊がチベットに侵攻した時に、アムドと呼ばれるチベット東北部のある僧院で、三千人の僧侶のうちの千人が逮捕されました。そして、その中の百人に処刑するための印がつけられました。

その印をつけられたある一人の僧侶は、処刑場に連行されて、銃殺される時に次のような祈りを捧げました。「すべての悪行、良心を覆い隠す障害、すべての人の苦が、今この瞬間にすべて私の身に転移しますように。私の至福と長所は、皆様に送られますように。すべての存在が、幸せで満たされますように」。

この僧侶は、すべての他者の苦痛を自分に受け入れて、自らの楽を他者に送ったのでした。自分が理不尽な理由で処刑されるという状況に在りながらも、決して苦楽に動揺しない姿を示したのでした。

nāsato vidyate bhāvo nābhāvo vidyate sataḥ
ubhayor api dṛṣṭo.antas tv anayos tattvadarśibhiḥ 2.16

avināśi tu tad viddhi yena sarvam idaṃ tatam
vināśam avyayasyāsya na kaścit kartum arhati 2.17

「実在しないもの（肉体）は存在せず、実在するもの（アートマン・真我）は消滅しない。真理を知る人々はこの両方の事実を理解している。(16)」
「この万物に遍在するものは不滅であることを知れ。誰もこの不滅であるものを破壊することができない。(17)」

ここでは、人間の本質である真我の不滅性と、物質世界のマーヤ（幻影）の無常を説いています。

もしも、すべての人が魂は不滅であることを真に理解したならば、この地上は一体どんな世界になるでしょうか。

真我の境地を経験したすべての人たちは、この世は幻影だと断言します。この物質世界は、真我を写し出す影であるとされ、わかりやすく喩えると、映画のようなものと言えるかもしれません。

映画では、映写機やスクリーン、映画フィルムなどを組み合わせて投影されています。この物質世界も同様に、私たちの感覚器官や顕在意識、エネルギーの潜在印象などを組み合わせて物質世界に投影されたものを体験しています。

映画を見ている時は主人公になりきり、感情移入しながら鑑賞します。主人公がどんなに過酷な人生であろうと、見終わった後には「ああ、いい映画だった」と言います。それが仮想現実だと理解しているからです。

眼も見えず耳も聞こえない重度の障害を背負いながらも、ラドクリフ大学（現ハーバード大学）で学問を学んだ後に世界各地を歴訪、身体障害者の教育・福祉に尽くしたヘレン・ケラー女史は、著書「楽天主義（Optimism）」の中で次のように述べています。

「この世界で最もすばらしく最も美しいものは、目で見ることも手で触れることもできない。ただ、心で感じられるだけである」。

彼女の言葉は、人の内面の領域がいかに大切なものであるかを示しています。ケラー女史は、プラトンの哲学の中核であるイデア論に共感していました。イデア論とは、千変万化する物質界の背後には、永遠不変のイデアという真の実在であるとした考えです。彼女は身を持ってそれを体感していたのでしょう。

ドイツの初期ロマン主義の詩人であるノヴァーリスは、次のように述べています。

「すべてのもの、見えるものは見えないものに、聞こえるものは聞こえないものに、感じられるものは感じられないものに触れている。そして、考えられるものも、それを超えたものに触れているのだろう」。

人は、五感を使って外の世界を知覚しますが、それを感じ、反応し、印象として刻むのは、自分の中に在る不可視の部分になります。

人体は、小宇宙と言われています。大宇宙と同じ構成で作られています。

まず核に魂である真我があります。不滅であるものになります。そこに精妙な波動で出来た観念体が作られます。そして波動を粗くした幽体があり、さらに最も粗い波動の部分が物質化して肉体になります。

ここで、物質の基本形を見てみましょう。私たちは、物質世界にいるおかげでエネルギーが物質としての形態をとるという奇跡的な現象を、当たり前のこととして認識しています。それとは逆に、物質の大元であるエネルギー世界については、ほとんど未知の領域となっています。

物質の基本として、動物、植物、鉱物などすべての存在は、原子の集合体から構成されています。原子は、電子・陽子・中性子から構成されています。素粒子物理学によると、原子核の構成成分である陽子と中性子は、素粒子によって構成され、素粒子はさらに、より基本的な粒子によって構成されています。

素粒子物理学では、万物すべてを構成する基本である基本粒子と呼ばれる最小粒子の存在を示唆しており、基本的な粒子はエネルギーで構成されています。

科学者たちは、その素粒子を加速器に入れてお互いに衝突させる実験を繰り返しました。その結果、素粒子は物質ではない純粋なエネルギーであることが証明されました。

そのエネルギーは不可視であり、光や音として表現できるので、最新物理学では「すべての物質は光で構成されている」と言えるのです。アインシュタインの方程式で計算すると、一人の人間の肉体を構成する原子のエネルギーは巨大な水素爆弾数十個分に相当するそうです。すべての存在は、エネルギーで形成されています。

次に物質の基本単位でもある原子について整理してみましょう。

原子は、原子核（陽子・中性子）とその周囲を回る電子から成っています。原子核の大きさと、電子の周回軌道の大きさは、ボールと野球場の大きさに喩えられます。野球のボールが原子核だとすると、野球場の周囲を回っているゴマ粒大のものが電子です。広大な電子軌道のわりになんと核の小さいことでしょう。

最先端の量子論が展開する原子モデルでは、電子の動く範囲を電子雲という、電子の動ける範囲を示すことで表現されます。この電子の動きによる電子雲の範囲が、その原子の固体としての範囲ということになります。

もちろん、これらのモデルは五感を通して理解するための一表現であり、実像とは異なりますが概念として捉えていただきたいと思います。

原子における、実体：空間の比は、およそ1：100,000といわれています。つまり、ほとんどが空間で占められているのです。この空間は振動するエネルギーの束であり、多くの叡智と愛と意思を持つ不可視の領域です。

最先端の量子論によれば、実体部分もさらに細分化できて、最終的には非物質であるエネルギーという観点から見ると100％が空間という認識になります。

素粒子が、エネルギーレベルから物質レベルへと周波数を落として物質領域に具現化していくと、回転状態もしくは振動状態によって、ボソン粒子とフェルミ粒子などの形として現れてきます。そして、素粒子が集まり、原子を構成していきます。原子核同士は一定の距離以上に近づくと反発する力をもつために、あたかも固体として実体があるかのように知覚されることになります。

ネオプラトニズム創始者ギリシャの哲学者プロティノスは、物質界から万物の根源である「一なるもの」までを一つの波動の流れとして解説していますが、この物質世界のことを「波動の末端のお茶の出がらしのような存在」と、わかりやすく的確に表現しています。

このような表現は、おそらく深い瞑想体験に根ざしたものと思われます。ヨーガでは、「粗大身」という表現をしています。

　私たちの世界は、まず唯一無限の創造主から発せられた霊光で始まり、それが五つの光に分かれます。この様子は、一定の瞑想修業を行うことにより、誰もが見ることができます。

　これら精妙な五つのエネルギーが複雑に絡み合い、エネルギーの波動を下げながら拡がっていき、徐々にエネルギーが物質世界の元となる仮想粒子となり、それがさらに素粒子へと表現され、素粒子が集まり原子となり、徐々に粗大な物質へと移行する過程で万物万象が創造されていくことになります。

「シュヴェーターシュヴァタラ・ウパニシャッド」の中には、「一本の髪の毛の先端を百等分し、その一区分をさらに百等分する。これが魂の大きさである」と記されています。

　この魂は、物質的原子や素粒子とは違う精神的粒子または霊的原子とも言えるもので、この宇宙に無数に存在しています。人の中にも動植物の中にも、細菌にもウイルスの中にも存在しています。

　人も物質的な肉体だけで成り立っているのではなく、この霊的原子があってはじめて機能する仕組みになっています。これが入っていない肉体は、死体と呼ばれます。

「ムンダカ・ウパニシャッド」には、次のような記述があります。

「魂は、霊的原子（原子魂）で構成され、これは完全な知識を得る段階まで達した人だけが看破できるものである。この粒子は心臓の位置に在り、体内の五種の氣（プラーナ、アパーナ、ヴィヤーナ、サマーナ、ウダーナ）の流れによって体内を巡り、生物体の肉体に影響を及ぼす。この氣の流れが穢れを祓い、清浄になった時に、魂の本性が発現する」。

太陽が光を放ち、つまり無数の光子を放出して宇宙の隅々まで届くように、創造主からは霊的原子が無数に放出されているのです。

現代日本では、エクササイズ的なものとして定着しているハタ・ヨガですが、その本当の目的は、さまざまな体位によってこの五つの氣流をコントロールして、物質的・生理的な制限を超えて肉体を持ったまま魂の活動範囲を拡げていくことです。

万物は一つの根本から派生して創造されており、それは私たちの想像を超えた純粋知性と純粋理性によって創造された法則に基づいています。

このように、物質世界のすべて、人の身体でさえもすべてが振動するエネルギー空間で形成されており、すべての中に宇宙と同じ一つの光で始まる原初の創造エネルギーを有しているのです。

万物万象で核となる魂は不滅であり、同じ創造主から生じた物質的な仮想粒子—素粒子—原子で構成されたものは、瞬間だけ存在するものであると言えます。それは蛍光灯が点滅を繰り返すことによって、ずっと点灯しているかのように見えるのと似ています。

余談になりますが、先ほどの見えない物質的原子や霊的原子を実際に見た実例が詳細に記録されています。

一例をあげると、1800年代後半にアニー・ベサントとチャールズ・リードビーターは、専門家の指導の元でヨガ修行を行い、内的な知覚器官を発達させて極小のものを認識する「拡大透視力」を獲得したと主張していました。

この二人は1895年の時点で元素の内部構造を見て図解入りの本を作りました。それが、「Occult Chemistry: Investigations by Clairvoyant Magnification into the Structure of the Atoms of the Periodic Table and Some Compounds」です。

その書籍には、水素からウラニウムにいたるまでの詳細な図が描かれているだけではなく、当時まだ存在すら知られていなかったプロメチウムやアスタチン、プロトアクチニウムなどの元素やネオン・アルゴン・クリプトン・キセノン・プラチナなどの同位元素についても精密に「視て」記述されています。

さらに彼らは素粒子という概念が全く存在していない時代にもかかわらず、クォークなどの素粒子の構成を「視て」記述しています。クォークの概念が物理学で初めて提唱されたのは1964年のことですから、そのはるか以前のことになります。驚くことに彼らはさらにクォークを構成するもっと細かい粒子を見て、オメゴンと名づけています。

この本の図版は、現在見られるモデル模型としての原子ではなく、実際に見た生きた原子の構造として描かれています。

また彼らは、ある元素を意志の力で別の元素に変換することができたと主張しています。彼らが、原子核が陽子と中性子から成ることを描写したのは、中性子が発見されるよりも24年も前のことでした。

この「Occult Chemistry」が出版されたのは1908年、第二版が1919年、第三版が1951年のことです。物質元素の透視は1895年から1933年まで行われました。現在この本は、インターネット上において各種フォーマット形式で無料配布されています。素粒子物理学者らは、彼らの透視能力を科学的な観点から判断してその透視能力を認めています。

古代の精神的な発達に、現代の最先端の科学の発達がようやく少し追いついてきたようです。科学技術の発展と同時に、精神的霊的な理解が再び芽生えつつある現在、高次元の存在たちによって完璧に計画された絶妙のタイミングで、多くの科学者にインスピレーションという形をとって、智慧がすこしずつ人々が理解できるペースで伝授されていき、ほんの少しずつこの世界の秘密が解かれ始めています。

すべての存在は、エネルギーの塊で出来ています。見た目は同じであっても、その振動の仕方が各々異なります。

振動数を低くすることも、高くすることも、意識次第で変容できるのです。そして、どう振動させるかによって、引き寄せられる波動も決まってきます。人は、自分の意識状態、霊性の状態に応じて、それと同じ周波数の振動を引き寄せているのです。

「微妙これ菩提なり。諸法知り難き故に（微細な世界を感じ取ることが、悟りへの第一歩です。仏の世界は理解し難いのです）」（空海／五部陀羅尼問答偈讃(げさん)宗秘論）

「世界の現われのエネルギーが、意識の大海の表層に無数の多様性を投影したとしても、真我は真我のまま在り続ける」(ヨーガ・ヴァーシュシュタ 232)

「すべての形あるものは、永遠ではない。永遠の実在には、形は無い。唯一のアートマン、超越する実在」(アヴァドゥータ・ギーター第1章29)

「最も大切な平和は、人々の魂の中に生まれる。万物万象と一つに繋がった一体感を感じた時に。万物の偉大な力を理解したときに。万物の中心に偉大な魂が存在して、その中心はあらゆるところに在り、一人ひとりの内側に在ることに気が付いた時に」(ブラック・エルク、北米オグララ・スー族)

「見えざるものと永遠なるものを日々認識することは、我々にとって当たり前のことだ」(北米先住民の言葉)

※ 自分の生命エネルギーを感じる練習 ※

ここで、自分のエネルギー（プラーナ）を感じてみましょう。

エネルギーを感じる練習1

プラーナは誰もが感じることが出来ます。簡単なエクササイズをご紹介しましょう。

1. まず自分が生命エネルギーに満ちていて、光に包まれている様子をイメージしてください。
2. 手からエネルギーの光によるオーラが出ているようにイメージします。
3. 手のひら同士で、円を描くように擦り合わせます。
4. 手のひらに意識を集中させます。
5. 両手の間の熱を感じてみます。
6. 手のひらを2～3cm離して互いに引付け合うエネルギーを感じてみます。

これは次の練習のためのステップですので、何も感じなくても焦る必要はありません。

エネルギーを感じる練習2

1. 自分の手のひらを5～10cm離して向かい合わせます。ゆっくりと手を動かして、両手の間隔を動かしてみましょう。

2. 両手の間にエネルギーボールをイメージしながら、作ってみます。
3. 次に、手の間隔を20～25cmに離し、ゆっくりとその間隔を縮めていきます。手のひらを押し戻すような間隔を感じるでしょうか。

エネルギーを感じる練習3

1. 慎重に手を動かして感情体エネルギーを感じるまで近づけます。(7～10cm)
2. 右手を左手に2.5cmまで近づけます。その時、左手の甲にエネルギーフィールドのチクチクした感じを感じ取ってみます。

エネルギーを感じる練習4

これが一番わかりやすい練習です。

1. 再び手を10～17cmほど離します。
2. 右手の人差指で左手のひらを指差します。指先は1～2.5cmくらい離れた状態にします。
3. 指先で手のひらに円を描きます。指先の動きに伴って、逆の手のひらに感じる感覚を味わってみてください。

エネルギーを感じる練習のポイント

感じ方は人それぞれですが、一般的な感じ方には次のようなものがあります。

生体エネルギーは、ほとんど常に時計回りに円を描いて動いているのを感じます。手と手の間のエネルギーの境界同士が触れ合うと、チクチクしたような圧力やフワっと暖かい優しい圧力を感じます。皮膚に触れると表面にムズムズした圧力を感じます。

☼　エネルギーを見る練習　☼

次にエネルギーを見る練習をしてみましょう。人のオーラは、各段階のエネルギー表現媒体が、それぞれの波動に応じて放射しているエネルギーのことをいいます。慣れると誰でも、ある程度は視ることが出来るようになります。

1. 部屋を薄暗くして、両手の指先が互いに向き合うようにします。
2. 顔の前 60cm の位置を保ちます。背景は無地の白い壁で行うとよいです。
3. 目をリラックスさせて、指先の１～ 2cm 先の空間を眺めます。

4. 指先を近づけて、それから離します。

5. 右手をやや上に、左手をやや下に、左右別の指先同士が向き合うようにして眺めます。

指や手の周りに靄（もや）のようなものを見ることが出来ます。最初はほとんど無色、慣れてくると急に色が見えてきます。最初は、色は一瞬だけで、すぐに靄に戻ります。

指と指を近づけると、指先の靄が向き合う指先の靄と引付け合うのが見えます。指をずらすと、向き合った指先同士に靄のつながりが移っていくのが見えます。

どうしても見ることが出来ない人は、お風呂場をやや暗くして湯船に浸かりながら練習してみてください。

また、自分の手指では見ることが出来なくても、樹木の幹の部分のオーラを見られる人もいるので、こちらも試してみることをお勧めします。

❊ ムドラ ❊

生命エネルギーを身近に利用する、楽しい方法の一つをご紹介しましょう。

それは「ムドラ Mudra」です。サンスクリット語で、象徴表現、印というような意味があります。ヨガでは、仏像たちの様々な手のポーズのことを示します。日本では、印相とか印契（いんげい）などと呼ばれます。ムドラには数百種類もの型があります。同じ名称のムドラでも伝えられた流派によって微妙に異なるものもあります。さらに、わずかに指の位置を変化させる方法も多く存在します。

ハタ・ヨガなどでは全身を使うムドラがありますが、ここでは手指を使うムドラ（ハスタ・ムドラ）の例をご紹介します。さらに、手の他に足のムドラ（ハーダ・ムドラ）、目のムドラ（チャクシュ・ムドラ）などもあります。

ムドラは、指先に流れるエネルギーを利用することで、生体のエネルギーの流れをスムーズにして意識の集中と調和を図ります。

基本の象徴

人間の手指には、人体と同様に五大要素に象徴される部分があります。

それは次の通りです。

親指は空、他の四大元素を包括する虚空を意味します。

人差指は風、中指は火、薬指は水、小指は地。

また人体を象徴することもあります。

親指は真我、宇宙意識、五蘊（ごうん）では「識」の象徴です。
人差し指は個人の意識、五蘊では「行」の象徴です。
中指は自我、五蘊では「想」の象徴です。
薬指は心の幻影、五蘊では「受」の象徴です。
小指は現世での行動と態度、五蘊では「色」の象徴です。

ムドラの基本

ムドラは、プラーナ（生命エネルギー）を自覚し、流れをコントロールする役割があります。それは霊的進化のための手段の一つですが、同時にプラーナの流れを補助するので健康維持にも利用されます。

ムドラの基本は火であり、真我を象徴する親指にあります。基本的にすべてのムドラは、親指が他の指や手の部位のいずれかの部位に軽く触れていることが多いのです。これは生命エネルギーを、親指を通して流すためです。

ムドラをやる時には、静寂な場所を選び、瞑想状態になることが望ましいといえます。基本は、1時間続けて行うことですが、数分でも構いません。特別指示がなければ、両手同時に行います。

・Purana Mudra プラーナ・ムドラ

親指、薬指、小指の先端を軽く合わせます。これは全身のエネルギーを流し、充電する若返りのムドラです。重症な病気の人にもよいムドラです。

・Anjali mudra アンジャリ・ムドラ

心臓の前で左右の掌を合掌して、両親指が軽く胸に触れるようにします。インドでは挨拶や敬意を表すときにも使用します。これによって、右脳と左脳の調和が起こります。神を迎えるために、額の上で行うこともあります。

・Jnana Mudra ジナーナ・ムドラ
　　Chin mudra チン・ムドラ

親指と人差し指の先が触れるようにして輪を作ります。中指・薬指・小指は、まっすぐに伸ばします。足を組んで座って、膝の上に手を乗せるとよいです。肩と上腕の力を抜きます。これによって、脳の活性を高め、思考力と記憶力を高めます。さらに調和と至福を体験しやすい状態にして、真我への理解を深めます。瞑想前の集中力を高めるのに効果があります。手のひらを下に向けた状態をジナーナ・ムドラ、手のひらを上に向けて膝の上に置いた状態をチン・ムドラといいます。

　このムドラは、いくつか別の名称でも呼ばれており、また人差指の先端が親指のどこに触れるかによっても、それぞれ意味があります。
Shraddha Prana Kriya Mudra：チン・ムドラと同じです。
Medha Prana Kriya Mudra：人差し指の先が親指の第二関節あたりに触れるようにして輪を作ります。脳を活性化します。
Prajna Prana Kriya Mudra：人差し指の先が親指の付け根あたりに触れるようにします。直感を鋭敏にします。

・Surya Mudra スリヤ・ムドラ
「スリヤ」はサンスクリット語で太陽を意味します。薬指の先端で親指の根元をおさえます。次に親指を曲げて、薬指の関節に触れます。このムドラは、体力が無いとき、身体が重い時、強い倦怠感がある時に使います。

・Apan mudra：アパナ・ムドラ
　これは鹿のムドラと呼ばれています。親指の先端を中指と薬指の先端につけて、人差指と小指はまっすぐに伸ばします。すると角の生えた鹿のような形になります。このムドラは、忍耐を養い、平静な心を作ります。また泌尿器系疾患にもよいとされています。

・Granthia mudra：グランティア・ムドラ

両手の指を交互にして握り締めるポーズ。これは真我との結びつきを強化すると言われています。また、このポーズで最初に右手の親指と人差指で左手の親指を強く握り、左手の親指を立てた状態のものをリンガ・ムドラといいます。全身を保温する効果があります。

・Adi mudra：アディ・ムドラ

これは赤ちゃんのように、親指を中に入れて拳を握ります。呼吸をコントロールする時に使われていました。このムドラは、脳を深い休養へと向かわせます。

・Abhaya mudra：アブハーヤ（アバヤ）・ムドラ

これは右手の指をまっすぐに伸ばして手のひらを外側に向けるムドラです。左手は同様にまっすぐ指を伸ばして下向きにして手のひらを外側に向けます。このムドラは、恐怖心を追い払うとされています。アナハタチャクラに関連するムドラです。

・Agni mudra：アグニ・ムドラ

このムドラは、親指を中指の先端に触れて、残りの指はまっすぐに伸ばします。このムドラは、消化器系を強化すると共に、知性を強化します。マニプラチャクラに関連するムドラです。

「バガヴァッド・ギーター」に話を戻しましょう。

「実在しないもの（肉体）は存在せず、実在するもの（アートマン・真我）は消滅しない」。

肉体や心、高次元の精神は、不滅の実在するもの（アートマン・真我）そのままではなく、表現媒体である実在しないものを通して見ています。

その背後に存在するものこそが不滅の実在するものであり、人間の本質である真我から出ているものです。

エドガー・ケイシーは次のように述べています。

「肉体とは、すべての時空間を旅する時に利用する魂の乗り物でしかありません」。

一本の電源に、電球とヒーター、モーター、ラジオを繋いだとしましょう。ここに電気を通すと、電球は光り、ヒーターは熱を出し、モーターは動力として動き、ラジオは音が出ます。しかしながら、光や熱、動力、音は、いずれも電気そのものではありません。

目には見えない電気が、それぞれの表現媒体の性質に応じて、五感を通して知覚できる各々の現象を生じさせたわけです。電気は、これらの現象の背後に存在する共通した本質として存在しています。

同様に人間も、肉体や心のどれでもなく、その背後に存在する真我こそが人間の本質です。これを基本として物事を考えないと、真我をある特定の現象と結びつけて考えてしまうという間違った概念が生まれてしまうので、注意していただきたいと思います。

「私たちは、見えるものにではなく、見えないものにこそ目を留めます。見えるものは一時的であり、見えないものは永遠に続くからです」(コリント人への第二の手紙4:18)

「わたしたちはいつも心強い。そして、肉体を宿としている間は主から離れていることを、よく知っている」(コリント人への第二の手紙5:6)

antavanta ime dehā nityasyoktāḥ śarīriṇaḥ
anāśinoprameyasya tasmād yudhyasva bhārata 2.18

ya enaṃ vetti hantāraṃ yaś cainaṃ manyate hatam
ubhau tau na vijānīto nāyaṃ hanti na hanyate 2.19

na jāyate mriyate vā kadācin

nāyaṃ bhūtvā bhavitā vā na bhūyaḥ
ajo nityaḥ śāśvatoyaṃ purāṇo
na hanyate hanyamāne śarīre 2.20

vedāvināśinaṃ nityaṃ ya enam ajam avyayam
kathaṃ sa puruṣaḥ pārtha kaṃ ghātayati hanti kam 2.21

「この肉体は有限であると言われるが、ここに宿る者（アートマン）は永遠・不滅で無限である。だから戦え、アルジュナよ。(18)」
「アートマン（真我）を殺害者と考える者も、殺されると考える者も、どちらも無智である。アートマンは殺すことも殺されることもない。(19)」
「アートマンは生まれることも、死ぬこともない。始まりも、終わりもない。不生・永遠・不変であり、太古から存在する。肉体が殺されても、アートマンは殺されない。(20)」
「アルジュナよ、アートマンは不滅・永遠・不生・不変であると知る者は、誰かを殺したり、誰かに殺されたりすることができようか。(21)」

　ここでクリシュナは、「真我は不滅であるから戦え」とアルジュナに言います。
　クリシュナは最初から戦えと主張していたわけではあり

ません。今回の戦争の前にクリシュナは、カウラヴァ兄弟のいる都市ハスティナプラに入り、和平交渉に尽力しました。カウラヴァ兄弟たちは、この時すでに戦争の準備をすべて整え、戦争に参加する人々の準備も完了した状態でした。

クリシュナは、カウラヴァ兄弟たちのいる宮殿に和平交渉に行きます。ここでの和平交渉の話は、自分自身の中で起きていることの象徴として読み進めてください。

クリシュナは、都に滞在中はドリタラーシュトラ王の宮殿ではなく、宮殿内にある賢者ヴィドラの館に滞在しました。宮殿ではクリシュナをもてなすための豪華な食事も用意されましたが、クリシュナが口にすることはありませんでした。同じくヴィドラも、兄のドリタラーシュトラ王の宮殿にいながら、宮殿の食べ物を一切口にすることはありませんでした。

このような姿勢はよく蓮の花に喩えられます。蓮が泥の中で育ちながらも、茎も葉も泥水を弾き、泥を一切植物体に入れることなく、美しい花を咲かせる姿に似ているからです。クリシュナもヴィドラも、物質至上主義の場にいながら、それを身体に受け入れることはなかったのです。

クリシュナが描かれるときには、時に手に一輪の蓮の花を持っていることがあります。またクリシュナの別名で、「アラヴィンダ（蓮の眼をした者）」、「パドマナーバ（臍から蓮が生える者）」というものもあります。これはいかなる環境にいても、自分の清らかな自主性を保てる見本となります。

ヴィドゥラはクリシュナに、「もう戦争は回避できない状況です。この国も国民も、そして属国もすでに戦闘態勢に入っています。私は、あなたに危害を加えるかもしれない悪い人々に会いに行くことは勧められません」と言いました。

これに対しクリシュナは、すでにすべての状況を把握した上で、「平和を実現するためには、最後まであらゆる努力をしてみるべきだ。和平交渉が成功するか失敗するかに関係なく、私は出来るだけのことを行う義務があるのだ」と答えました。

クリシュナは、この和平交渉が決裂しても、人々の心に平和の種子を植えることになると確信しています。それは、今回の戦争が回避できないとしても、輪廻転生していく中で、いつかはその平和の種子が発芽し、育っていくからです。

翌日、クリシュナが宮殿に近づくと、入り口の門の前にはドゥルヨーダナとカルナがクリシュナを歓迎するために待っていました。周りには女性たちがクリシュナを歓迎するための花束を抱えていました。カウラヴァ兄弟は、女性や花束などの物質世界のおもてなしで、クリシュナの気分が良くなると考えていたのです。

クリシュナは、宮殿に静かに入り集会場に到着しました。クリシュナの到着を待っていた各国の王たちと属国の王たちは、敬意を表して席から立ち上がりお辞儀をして迎えます。ドリタラーシュトラ王は、クリシュナに近づき抱擁すると、御者にクリシュナの席を案内させました。

そして皆が着席すると、これからクリシュナが発する言葉をしっかりと聴くために、静まり返りました。

クリシュナは、ドリタラーシュトラ王の方を向いて、語り始めました。

「私は、カウラヴァ兄弟とパーンダヴァ兄弟たちには、平和であることを望みます。両兄弟は、永遠に友好関係を保ち、この世界に平和と繁栄を実現しなければなりません。全世界が平和を希望しています。そして今、平和の実現こそが、パーンダヴァ兄弟の求めているものです。

私は、平和の実現のためにここに来ました。ドリタラーシュトラ王は、重大な決定をする前に、よく考えてもらいたい。パーンダヴァ兄弟は幼いころに父を失い、ドリタラーシュトラ王が養育されたのですから、責任もって和平に努めるべきなのです」。

クリシュナの言葉は、真我が自我に向かって限りなき愛と共に、すべての自我を高次へと導く願いが込められたものです。

クリシュナは、さらにドリタラーシュトラ王に近づいて話を続けます。

「王よ、あなたはパーンダヴァ兄弟を、自分の子供のように養育されました。その子供たちを苦しませるのは正しくありません。彼らが13年間の謹慎から帰ってきた時に、再び彼らの王国を返還すると約束したのはあなたです。そして、彼らは王との約束をしっかりと守り、帰ってきました。

ここに来る前に長男ユディシティラから伝言を頼まれました。

まず一つは、彼らパーンダヴァ兄弟が何か自分たちの気が付かない間違いを犯してこのような事態になったのであれば、どうか赦していただきたいということ。

もう一つは、パーンダヴァ兄弟が求めているのは、王の愛だけだということです。兄弟たちは、返還されるかどうかわからない土地よりも、王からの愛の方がはるかに大切です、と伝えてほしいと言っていました。

王よ、あなたの実の息子たちが企てていることは、この国全体を流血と混乱の中に陥れるでしょう。罪のない女性や子供まで巻き添えになります。森の中にいるバラモンにまで影響は及ぶでしょう。戦火はすべての人に及びます。戦争を始めるべきではありません」。

パーンダヴァ兄弟の思いは、自分自身の良心を表したものになります。

このクリシュナの言葉から、クリシュナもパーンダヴァ兄弟も戦争を全く望んでいないことや土地などよりももっと大切なものは愛であることなど、兄弟の霊性の高さと純粋さがよくわかります。

ユディシティラは、このような事態に陥ったのは、自分たちに落ち度があったからではないかと述べています。この姿勢は、禅語の「無事これ貴人なり」を思い出します。この禅語には、今の事態について、自分の外側の世界や他人に原因や責任を求めるのではなく、自分自身の中にそれを見出していく姿勢が貴い人へと導いていくという意味があります。

集会に列席した王たちは皆、クリシュナとパーンダヴァ兄弟たちの高貴な思いに感動しました。そして参加者たちは、敵だと思っていたパーンダヴァ兄弟に好感を持つようになっていました。それでも、目の前のカウラヴァ兄弟の宣戦布告に異議を唱える勇気のある王は、一人もいませんでした。

さらにクリシュナは、和平交渉の他に、パーンダヴァ兄弟のためのさまざまな提案をドリタラーシュトラ王に語りました。ドリタラーシュトラ王も実は、パーンダヴァ兄弟が正しいことも、自分の実の息子であるカウラヴァ兄弟が悪しき行動に出ていることも、それによって国が大きな混乱に陥るであろうことも、全て知っていました。

でも、ドリタラーシュトラ王は、実の息子たちの邪悪な力に抵抗できず、屈するしかありませんでした。

「善を為すべきと知りながら善を為さない者にとって、それは悪である。悪であると知らずに悪を為す者は、むしろ容赦されるかも知れない。しかし、悪であると知りながら悪を為す者には、それは破滅の呪いとなる」（エドガー・ケイシー 845-1）

ドリタラーシュトラ王は、どうすればよいかわからなくなり、休憩時間を要求。クリシュナは、休憩時間も王に寄り添い説得を続けます。やがて、王は少しずつ心変わりをし始めました。

しかし、それを察したカウラヴァ兄弟とカルナたちは、クリシュナを捕えて拘束するために動き出しました。それによって王は、カウラヴァ兄弟の邪悪な力に従うことになり、クリシュナはパーンダヴァ兄弟の元へ帰還することになります。

クリシュナは、神としてではなく、人として動き、人のあるべき姿を示したのです。これは、今の世界の縮図でもあり、エネルギー世界の縮図でもあり、今の人の心の中の縮図でもあります。

「あなたのことを罵倒したり、悪口を言ったり、さらには策略を巡らしてあなたに悪事を働く者たちをも、許しなさい。なぜなら、これらの人々を許さずして、いったいあなたは神にどのように許してもらうつもりなのか」（エドガー・ケイシー 792-1）

「何よりもまず、心を込めてお互いに愛し合いなさい。愛は多くの罪を覆ってくれる」（ペテロの第一の手紙 4:8）

「最後に言う。あなた方は皆、心を一つにして、同情し合い、兄弟愛を持ち、慈悲深く、謙虚でいなさい」（ペテ

ロの第一の手紙3:8)

この戦いは、かつての聖地が穢されてしまった土地における、金と権力に象徴される欲望と神の恩恵との戦いです。

このクリシュナの「戦え」という言葉は、「非暴力のはずが殺人？」と、文字通りの解釈では矛盾するかのように思えるかもしれません。でも実際は、この物語が外の世界の戦争ではなく、自分の内側の世界の戦いであることを、読み手は再度明確にされるのです。この言葉は、次の第3章カルマ・ヨーガへと引き継がれていきます。

神話というものは、読み手が自分とは関係ない外の世界、太古の世界の出来事という勘違いをしてしまうことがよくあります。そのため、非暴力であるはずのクリシュナが、「戦いなさい」と言います。読み手はここで再度、これはどういう意味なのかということを確認させられるのです。

ここには二つの提言があります。

「自分の心の中の悪しき部分と徹底して戦い、滅すること」、そして「物質世界においても、刹那的なものと永遠なるものを理解して、悪しきこと悪しき者に対して毅然とした態度をとること」。

「アートマン（真我・神）は不滅・永遠・不生・不変で

あると知る者は、誰かを殺したり、誰かに殺されたりすることができようか」。

山に登る時なら、まずその山の山頂の姿を事前に見ておきます。山のだいたいの標高も確認するでしょう。それにより自分はどこに向かっているのか、どこを目指して歩いているのかを把握するのです。目的地もなく歩けば道に迷います。

同じように霊性の道では常に神に向かうために、神という山頂のイメージをしておきます。神という山頂があることを理解し、神を目指して歩いていけば、道に迷うことはなくなります。ここでクリシュナが不滅の話をしたのも、神への道を明確にするためです。

「主の山に登るべき者は誰か。その聖なる山頂に立つべき者は誰か。手が清く、心のいさぎよい者、その魂がむなしい事に望みをかけない者、偽って誓わない者こそ、その人である」（詩篇 24:3-4）

「私の心が崩れ落ちてしまう時、私は地の果てからあなたを呼びます。私には及び難い高くそびえる岩の上に私を導いてください」（詩篇 61:2）

「着眼大局、着手小局」という禅の言葉があります。

視野の広い大きな眼で見て、それを達成するために一歩一歩出来ることから地道に実践していくという意味があります。目的地に到達するには、これ以外の方法はありません。山で言えば、お金持ちでも、頭が良くても、誰もが平等に自分の足で山頂まで一歩ずつ歩いて登らなければならないのです。

人は、深い意識の中で、誰もが神との一体感を望む強い願いを持っています。地上の喧騒の中でその願いを忘れていても、それは消えることなく眠っています。

クリシュナは、その強い思いを目覚めさせるために、まず不滅のアートマン（真我）について完璧なタイミングで説明しています。

アートマンに対する説明は、早すぎても遅すぎても、理解に至らなかったり、誤解を生じる危険性があります。霊性進化の門に入った直後が最適であり、そのずっと前でも、ずっと後でもありません。

初めて山に入った人は、最初は標識に頼ります。山にはたくさんの道があり、どの道が山頂へと続く道なのかを知らないからです。でも最初に山頂について知り、道標があれば、迷いもなく求めている道に向かい、専念することが出来るのです。

この先クリシュナは、アルジュナに叡智の道を説いていきます。それは山のガイドさんが、これから歩いていく山頂までの道筋の概略を示すのと同じことです。

「門よ、こうべをあげよ。とこしえの戸よ、あがれ。栄光の王がはいられる。栄光の王とはだれか。強く勇ましい主、戦いに勇ましい主である」（詩編 24:7-8）

また聖書には、次のような言葉もあります。「よくよく言っておく。もし人がわたしの言葉を守るならば、その人はいつまでも死を見ることがないであろう」。

これは肉体的に死なないという意味ではありません。人がわたしの言葉を守るならば（人がキリスト意識に達したならば）、いつまでも死を見ることがないであろう（無智の眠りから永遠の生命に目覚めるであろう）という意味になります。

「我々に「死」などない。ただ住む世界を変えるだけだ」（シアトル、北米ドウォミッシュ族）

vāsāṃsi jīrṇāni yathā vihāya

navāni gṛhṇāti naroparāṇi

tathā śarīrāṇi vihāya jīrṇāni

anyāni saṃyāti navāni dehī 2.22

「人が使い古した衣服を捨てて、新しい衣服を着るように、肉体に宿る者は使い古した肉体を捨てて、他の新しい肉体に宿る。(22)」

ここで再度、輪廻転生について明確にしています。肉体的な「死」の間違った固定観念を払拭するために、とてもわかりやすい喩えをしています。

地上では、個々の魂が分離する特殊な環境において、様々な精神階層の魂が肉体という共通媒体を纏います。そこでさまざまな体験をすることで、他では得られない程の魂の成長する機会が生まれます。

地上での肉体は、学校で学ぶ時に制服を着て行くようなものです。学校を卒業したら、制服を脱ぎます。地球という学校の制服は、地球人という肉体です。

学校が学びに最適な環境であるように、地球でも環境も地形も気候も生物たちも、万物万象が学びのために絶妙なバランスをとって存在しています。すべてが肉体を活用するために最適な条件になっているのです。

「今の時代に最も必要なことは、簡単な基本的真理、……墓場の向こうにも生活があること、人は決して孤独な存在ではなく、見捨てられることもないこと、宇宙の隅々まで大霊の愛に溢れた慈悲深い力が遍満し、一人ひとりに導きを与えていること、それだけです」(シルバー・バーチ)

nainaṃ chindanti śastrāṇi nainaṃ dahati pāvakaḥ
na cainaṃ kledayanty āpo na śoṣayati mārutaḥ 2.23

acchedyoyam adāhyoyam akledyośoṣya eva ca
nityaḥ sarvagataḥ sthāṇur acaloyaṃ sanātanaḥ 2.24

「このアートマンは武器で斬り裂くことも、火で焼くことも、水で濡らすことも、風で乾かすこともできない。(23)」
「この真我(アートマン)は、斬られず、焼かれず、濡らされず、乾かされない。それは永遠・遍在・安定・不動・不朽である。(24)」

この記述は、世界のすべてを五大元素で表現しています。そして、アートマンは五大元素で創られたこの世界には何の影響も受けないことを示しています。

斬り裂くは「地」、さらに「火」「水」「風」とその場となる「空」の五大元素を具体的に挙げて、この世界のすべて、物質宇宙もエネルギー宇宙もすべて含めて真我は影響を受けないことを明確にしています。

仏教の経典の一つ「維摩経」には、「如来の身は金剛の体なり」という言葉があります。

如来とは真理よりやって来た者、金剛とはダイヤモンドのことです。やはり似たような意味で使われています。

「不生、不滅、不断、不常、不一、不異、不去、不来なり」(空海／辨顕密（べんけんみつ）二教論)

「人間は肉体を持った霊であり、霊を宿した肉体ではありません。物質は霊のおかげで存在が成り立っています。霊こそ永遠の実在です。霊は、破壊されることもなく、滅びることもなく、永遠不滅、無限の存在です」(シルバー・バーチ)

「アートマンは、地の上を動くことなく、火の中にも住むことなく、風に動じることもなく、水に覆われることもない」(アヴァドゥータ・ギーター第2章13)

avyaktoyam acintyoyam avikaryoyam ucyate
tasmād evaṃ viditvainaṃ nānuśocitum arhasi 2.25

「このアートマンは、目で見ることも、心に描くこともできず、変化することもないと言われている。だから、そのことがわかっているなら、嘆くべきではない。(25)」

「目で見ることも、心に描くこともできず」。

顕在意識だけで生きている人間には、感覚器官に限界があります。

私たちは日常生活の顕在意識の中で五感（視覚、聴覚、嗅覚、味覚、触覚）を使い、外界の物事を認識しています。しかしながら、人の肉体的感覚器官では、物質世界というごく限られた領域において、さらに極めて限られた人間の五感という狭い視野を通すことによってしか、物事を判断することが出来ないことを知るべきです。

この宇宙には五感を遥かに超えた領域が存在しています。ある物理学者によると、私たちが五感で知覚できる範囲は、すべてのエネルギー波の十億分の一程度ではないかとも言われています。

身近な例をとっても、五感による認識の違いは動物種でも異なり、犬であれば嗅覚が人の数千万倍あると言われています。人では認識できない匂いの世界を享受しているのです。

聴覚を例にとってみましょう。音は空気の振動によって伝わり、各動物によって音として認識できる周波数には差があります。人では、20 ～ 22000Hz くらいまでの音が可聴域であるとされています。

犬の可聴域は 40 ～ 65000Hz 程度までとなっているため、犬笛などの高い周波数もよく聞き取ることが出来るのです。鳥の可聴域は 200 ～ 8000Hz と範囲が狭い分、鋭敏な聴力を持つといわれていますし、イルカは 150 ～ 150000Hz 程度までが可聴域と言われ、人が聴くことが不可能な超音波を感知できます。おなじくコウモリも超音波に強く、1000 ～ 120000Hz まで聞くことが出来ます。

また、魚はその生活環境によって耳の良い種と良くない種があり、耳のよい種は浮き袋と内耳を接続するウエーバー小骨という構造を持っています。ゾウでは、耳だけではなく足裏でも聞き取ることが出来ると言われ、クジラも顎で聞き取ることが出来る周波数があります。

動物の世界だけで聴覚一つとっても、種によって世界観が異なるのです。しかも聴覚では、どの種類においても音の周波数域の中の極めて限定された領域しか認識できません。

私たちは、身の回りの動物からでも、人間の認識領域の狭さを確認できるのです。そして、その極めて狭い認識領域しかない人間には、アートマンを知覚することは出来ません。その事実を謙虚に受け止めて、アートマンという人の認識能力を遥かに超える存在があることを受け入れることができれば、嘆く必要もないのだとクリシュナは言っているのです。

「世に金剛宝あり、よく堅く、よく擢き、壊せず変ぜざるの力あり、得難く見難く、忽ちに富み忽ちに貴きの能あり（この世界には金剛宝というエネルギーがある。それはどんな物質より硬く、あらゆるものを砕き、破壊されることもなく、変わることもない。そして得ることも見ることも出来ない。それは直ちに富み、直ちに貴くなる働きを持つ）」（空海／理趣経開題）

atha cainaṃ nityajātaṃ nityaṃ vā manyase mṛtam
tathāpi tvaṃ mahābāho naivaṃ śocitum arhasi 2.26

「また、アートマンは絶えず生まれ、絶えず死ぬと、汝が考えたとしても、嘆くべきではない。(26)」

アートマンが不滅ではない、神などいないという唯物論者であったとしても、やはり嘆くべきではない。どのように自分が信じようとも、真実は一つであるということです。

「本来無一物」という言葉があります。

人は誰もが裸で何も持たずに生まれてきて、裸で何も持たずに死んでいきます。つまらない虚飾をしても、物質的な富に執着しても意味がないのです。ガチガチの唯物論者であっても、それが理解できれば、争い事は大きく減るはずです。

肉体的な快楽も、物質的な富も、地位も名声も、肉体の死と共にすべて失ってしまいます。そんな刹那的なものを追い求めることに、貴重な人生を費やすべきではありません。少なくとも永遠の富が何であるか今のうちに発見することが出来たら、この生涯だけでなく、来世に持ち越していく財産になります。

jātasya hi dhruvo mṛtyur dhruvaṃ janma mṛtasya ca
tasmād aparihāryerthe na tvaṃ śocitum arhasi 2.27

「生まれた者は必ず死ぬ。死んだ者は必ず生まれる。だから、汝はこの避けられないことを嘆くべきではない。(27)」

この世界で、いまだかつて肉体の死のない命など存在したことはありません。この物質世界に生まれた瞬間から、いずれ死ぬことは運命づけられています。それはあまりにも当たり前のことであるため、人は死ぬのか死なないのかという疑問が起こることもありません。

浄土真宗で七高僧の第一祖とされる紀元２世紀のインドの高僧、龍樹（ナーガールジュナ師）は、つぎのように語ったとされています。

「命は、千の病気という雪片に揺らめき、流水に発生する泡よりも壊れやすい」、「寝ている時は穏やかに息を吐き、吸っているが、生きて目が覚めるかどうかはわからないこと」。

死は、いずれ誰にでも適切な時期に突然やってくるもの。どんなにお金持ちでも、どんなに強大な権力を持っていても、どんなに強い戦士であっても、死を避けることは出来ません。悟りを開いた偉大な聖賢たちであっても、肉体の死を避けることはありません。

道元禅師の「正法眼蔵」の「生死の巻」に薪と灰の話が

あります。

「薪は灰になる。さらに返りて、薪となるべきにあらず。薪は薪の法位に住してさきありのちあり。前後ありといえども、前後際断せり。灰は灰の法位にありて、のちありさきあり」。

薪を燃やせば、いずれすべてが灰になります。それが一般的な見方、考え方です。でもそのような考え方は捨て去り、薪は薪としての存在、灰は灰としての存在と見るのです。薪と灰は違うステージの存在であり、繋げて考えることはないのです。

人は生まれたら、やがて病気になり、死んでしまう存在です。でも、やがて病気になることや死に至ることを今から嘆いても意味はありません。今この瞬間を大切に、感謝の気持ちを込めて生きることだけで充分だという内容です。

人が生まれてくる理由は一つです。

人が、偶然地球に生まれてくることなどありません。明確な目的を持って地上に下りてきているのですが、そのことを忘れてしまっています。

明確な目的とは、地上でのさまざまな体験を通して魂を純化していくことによって真理を理解し、同時に他の存在が地上に来た目的も理解し、創造主と合一できるまでに波動を高めていくことにあります。

それがわかっていれば、輪廻転生も死も、嘆く必要も意味もありません。

「涅槃経」の中には、釈迦大師の教えとして次のように記されています。

諸行無常：体と心は常に変わり続け
是生滅法（ぜしょうめっぽう）：生じたものは法により必ず滅する
生滅滅已（しょうめつめつい）：生じて滅することに囚われなければ
寂滅爲樂（じゃくめついらく）：静謐の中で至福に至る

人は物質界に肉体を持って生まれて、成長し、老化して、死に至ります。そこに例外はなく、自然界の法則であり、あるがままの姿です。この自然の理を嘆いても何の意味もありません。智慧を持って、心と身体の無常を法則として理解することで、「生」への執着は薄れていきます。「生」への執着が薄れると、「死」への恐怖も薄れていきます。

これは、心と身体が真の自分ではなく、真我であることを確信する一歩となります。

人の一生を季節に当てはめると、生まれて成長する「春」、命の最盛期を迎える「夏」、ゆっくりと肉体が衰えていく「秋」、死を迎える「冬」。そして死によって、また生まれ変わり、春を迎えます。それが自然の摂理です。

四季の美しい移り変わりだけを見ても、何一つ移り変わらないものはないことがよく理解できると思います。同じ状態のままで固定されるものは、この世界には何ひとつないのです。それにも関わらず、人は冬になると、次の春が来ることを忘れてしまい、嘆き悲しむのです。

永遠なる真我を顕現する聖賢たちは、健康や富や物質的な成功には終わりがあり、刹那的なものと教えます。永遠なるものを無視したまま、刹那的に消えていくものばかりに夢中になるのは愚かなことと諭しています。

「死ぬということは、霊が肉体から抜け出して霊的な姿を現す過程のことです」(シルバー・バーチ)

「人は、物に執着してはならない。物にこだわりすぎると、その人は精神的バランスを崩してしまう」(北米先住民の言葉)

avyaktādīni bhūtāni vyaktamadhyāni bhārata
avyaktanidhanāny eva tatra kā paridevanā 2.28

「万物の起源は目に見えない、中間の状態は目に見える。最後は再び見えなくなる。ここに何の嘆きがあろうか。(28)」

これは、先ほどと同じことを、別の表現方法を用いてわかりやすく語っています。物質界の視点から見ると、万物がエネルギー体の状態の時には肉眼の眼で見ることはできません。物質界に顕現してはじめて見ることができます。そしてまた、エネルギーだけになれば見えなくなります。

人は生まれる前は見えず、肉体を持っている時は見えるけれど、死を迎えたら再びエネルギー世界へと帰るために目には見えなくなります。でも、魂までなくなるわけではありません。だから、嘆く必要はないと説きます。

この節の話と同じ記述が聖書の中にも見られます。

「私たちは目に見えるものではなく、見えないものに目を向けます。それは見えるものはいつかなくなりますが、見えないものは永遠に残るからです」(コリント人への手紙第二 4:18)

聖書をはじめとする多くの聖典の中には、「バガヴァッド・ギーター」と同じ記述がかなり多くあります。

ギーターを読み込んでいる人は、この聖典「バガヴァッド・ギーター」に書かれていない真理はないと断言します。エドガー・ケイシーをして「真理が書かれた地上で最高峰の書」と言わしめた理由がここにあります。

神によって創造されたこの宇宙の中で、高次元の存在たちによってさまざまな生物たちが創造され、この地上へと下りていきました。

地球上の生物たちの驚くべき多様性のある自然界の中に、完璧に新たな生物が組み込まれていく様子は、人智を遥かに超えた創造性の中で行われます。この創造性の様子の一端を、ごく一部の人は垣間見ることが出来ます。

よく「鶏と卵はどちらが先なのでしょうか？」と聞かれます。

私があるヨギと共に見せたもらったところによると、答えは同時。すべてのものはまず明確な意思の元で計画され、想念フォームを創り、それを物質界へと下していきます。

車を例に考えてみましょう。車を作るには、まずコンセプトを考え、そこからデザイン、性能を決めていき、安全性や走行性能などに関するあらゆることも考慮しながら設計に入ります。

そして設計が完成形になってから、製造段階に入ります。

このような工程を経て完成した車が、ショールームに並び、はじめて私たちの目に触れることが出来るのです。そして、はじめて道路を走行できる。

鶏と卵も同じです。

物質界を超えたところで、想念フォームとして完全に設計されてから、初めて物質として地上に投影されます。私たちの本質の土台は、肉眼では見えない領域にあるのです。

āścaryavat paśyati kaścid enam
āścaryavad vadati tathaiva cānyaḥ
āścaryavac cainam anyaḥ śṛṇoti
śrutvāpy enaṃ veda na caiva kaścit 2.29

「真我を驚くべきものとして見る者がいる。驚くべきものとして語る者もいる。不思議なものとして聞く者もいる。それを聞いても全く理解しない者もいる。(29)」

物質とは、何でしょう？

物質とは、物質化した意識です。人は、物質世界での固定観念を衣服のように常に纏っています。生まれて間もなく纏うために、その固定観念から離れることができなくなります。

そして真我は、物質領域からははるかに超越したところにあります。

だから、真我に達することができた人間は、驚くべきものとして見るはずです。そしてそれは言葉では語ることは出来ません。なぜなら言葉をはるかに超えた領域のものだからです。

それを言葉にして語れば、制約されたものへと変化してしまいます。そして、それを見たことがない人が聞けば、不思議なものというイメージが湧いてきます。また、関心がない人にとっては、理解することすら出来ません。

真我が、人の頭で考えるイメージを遥かに超えたものであることを示しています。

果物を見たことのない世界の人に、言葉で「りんご」について正確に語り、りんごのすべてを理解してもらうことは出来ません。

森の中で一生暮らすアフリカのある部族の狩人を、生まれて初めて大平原に連れてきた科学者の記録が残されています。大平原の遥か遠くに水牛の群れがいるのを指して、科学者が狩人に「あれは何だ？」と尋ねると、狩人は「蟻だ」と答えたといいます。遠くを見ることがなかったために、空間把握能力が低下していたのです。

これと同じように、私たちは物質世界で生まれ育ち、物質世界の認識が意識の中で定着してしまっています。すると、あらゆることを物質世界の基準で判断してしまおうとするのです。

現在私たちが持っている最先端科学や学問は、非常に狭い視野で見れば、すべてがわかるような錯覚に陥りますが、宇宙全体に内在する無限の叡智からすれば、砂浜の砂粒１つ程度のささやかなものに喩えられます。

ある量子物理学者は、私たちが知覚できる領域は宇宙の実相の数十億分の一程度ではないかと推測しています。プラトンの記録によると、彼の師ソクラテスが「自分が知っていることといえば、自分が何も知らないということだけである」と述べたことは、「無智の知」として有名です。

科学も歴史を見れば、その時代時代で常に最先端であると多くの人々は信じていますが、100年経てば当時の見解が色あせていることからも、科学という分野が発展途上であることがわかると思います。

それゆえ、極めて限定された視野の範囲だけで、すべての物事を判断してしまうことは賢明とはいえません。

現時点では生体のエネルギーについての理解も「思い出し始めた」ばかりの状態です。思い出し始めたというのは、かつての古い時代には、生命エネルギーについて現代よりも深い洞察がなされていた証拠が数多く存在するからです。

生命エネルギーの詳細が知覚できる人も増えてきましたが、一般の人にそれを語っても理解しがたいことでしょう。現存するインドの聖者たちが宇宙の普遍意識について詳細に語っても、いにしえの聖賢たちが残した多くの聖典の中に詳細に真理が書かれていようとも、顕在意識だけで物事を判断する人がほとんどという現状で、普通の人に「真我」を説明することは、深海で生まれ育った深海魚に向かってニューヨークの株式市場のダウについて説明するようなものかもしれません。

無益な妄想に時間を費やすよりも、謙虚に出来る限りの幅広く正しい視野を持って、霊性進化の道を歩み続け、真の実績を積み重ねて理解していくことが、私たちにとって重要なことだと思います。

dehī nityam avadhyoyaṃ dehe sarvasya bhārata

tasmāt sarvāṇi bhūtāni na tvaṃ śocitum arhasi 2.30

「万人の肉体に宿る者は永遠に殺されない。だから、汝は何物についても嘆くべきではない。(30)」

万人の肉体に宿る者とは、魂、真我のことを示しています。「バガヴァッド・ギーター」の中で、クリシュナは真我のことをさまざまな言い方で表現しています。真我、純粋意識、絶対者（ブラフマン）、大自在天（イーシュヴァラ）など。

呼び名がたくさんあるということは、一つの言葉ではすべてを表現しきれないという理由があります。また、さまざまな表現を使うことによって、読み手により注意深く、繰り返し読ませて、深い理解へ達してもらう意図があります。

人は、人生の中で大きな変化を怖れる傾向があります。何事も変わらずに、平安無事に過ごしたいと願っています。それでも、さまざまなことが起こります。

でも、何があっても真我は傷つくことがありません。それを理解すれば、何物についても嘆くことはなくなっていくはずです。

「万化を楽しむ」（大宗師篇／荘子の言葉）

svadharmam api cāvekṣya na vikampitum arhasi
dharmyād dhi yuddhāc chreyonyat kṣatriyasya na
vidyate 2.31

「汝自身の任務を考慮しても、動揺するべきではない。クシャトリヤ（戦士）にとって、正義の戦いに勝るものは他にないからである。(31)」

この世界のすべてのものは存在価値があり、使命があります。あらゆる動物、草木の一本、鉱物、細菌やウイルス一個体にいたるまですべて存在意義があります。

雑草などという言い方は、人がその価値を理解していない証拠です。細菌やウイルスを人間の中途半端な理解力で敵とみなして除菌するのも、とても賢明とは言い難い行為です。実際に最近の研究では、今まで病原体と呼ばれていた細菌やウイルスが、人や動物、そして環境を健全にするために必要不可欠であることが理解され始めてきました。

私たちは、命を授かってこの地球上にいます。それは人も、犬も、猫も、そしてすべての生き物も同じです。

この地球上にくるのは、命（いのち）を授かり、そして命（めい）を受けてくるのです。

命（めい）とは、使命。

すべての生き物は、この地球上に目的・役割があって存在しています。無駄な命などありません。鉱物や微小生命体も同じです。無駄なものなどありません。

地上での役割のために、命を使うから、使命というのです。

漢字の「命」は、人の中に一つ叩くと書きます。

「命」は、身体の中で一つ一つ心臓の鼓動が叩いて繋いでいくもの。そう考えると、一瞬一瞬が大切に思えてきます。

また、「命」は、口と令にも分けられます。

口とは、仏教でいう「身口意（肉体・エネルギー体・魂）」の口、つまりエネルギーのことです。口がエネルギーを示しているのは、エネルギーは不可視でありながら、波動（音）として知覚することが可能であり、また口は声と呼吸を司り、声はエネルギーを知覚できる形に変えること、呼吸は生命エネルギーの象徴であるという理由によります。

令には、「立派な」とか「お達し」、「意志」という意味があります。

つまり、口と令を足すと、立派なお役目にエネルギーを入れるという意味になります。

さらに分解していくと、人、口、卩、一。

つまり「一なるもの」を囲むように身口意（肉体・エネルギー体・魂）が集まって命を形成していることになります。身も心も魂も一つに向かい、この地上に来た立派な目的を果たしていく、それが命です。

そして人は、崇高な目的を持って、転生するたびに自分の境遇や任務を決めて地上に下りてきます。現在自分の置かれた立場や持っている技術は、偶然の産物ではありません。今回の生で充分に任務をこなすために備わっているのです。

人は社会の中で生きていく上で、次第に役割や立場というものが確立していきます。仕事では、職種であったり、役職であったり、家庭では親になったり、パートナーになったり、プライベートでは、ご近所や友人たちとの間にさまざまな付き合い方があります。

お互いに繋がり合って生きている中で、役割や立場を背負うことによって、人は磨かれていきます。その役割の中で使命や生きがいを見つけることも多く、自分だけ勝手に使命を放棄するわけにはいきません。

「クシャトリヤ（戦士）にとって、正義の戦いに勝るものは他にないからである」。戦士であれば、正義の戦いを放棄するわけにはいかないのです。真我に沿った任務（正義の戦い）は、放棄することなく遂行すべきです。

ただし、真我に反する任務となれば、行うべきではないので、人は常に日々の内観を大切に行い、自分の任務、役割、立場、そしてすべての行いが真我にそったものであるかどうか確かめながら進んでいくことが大切です。

yadṛcchayā copapannaṃ svargadvāram apāvṛtam
sukhinaḥ kṣatriyāḥ pārtha labhante yuddham īdṛśam 2.32

「図らずもこのような戦いの機会を得ることは、クシャトリヤにとって幸いである。アルジュナよ、天国への門は開かれるだろう。(32)」

このような戦いの機会は、戦士にとって幸いである。戦場を繰り返し経験する戦士は、平和で争いの全くない時代の戦士よりも、より洗練されていきます。

これは地上に、特に自分の魂を純化するためにこの地球に下りてきたすべての人に当てはまる言葉です。地上に下りてきたこと自体が、戦いの機会を与えられたということだからです。

地球でのさまざまな試練は、神への合一の近道とされています。人は、霊界の平穏無事な環境よりも、地球の過酷な環境の方が、学びが大きいからです。

地球は、神が与えてくれた最高の学びの場であることを忘れてはなりません。

老師は「天下は神器なり」と言いました。これは「地球も神の器である」という美しい表現です。

戦いや戦士というと、自分とはかけ離れたものと感じるかもしれません。でも、本当の勇気、真の勇者とは何でしょうか？

勇者とは、勇敢に突き進む人でもなく、過酷なことに挑戦する人でもありません。真の勇者とは、日々の暮らしの中での一瞬一瞬を、丁寧に心を込めて無償の愛で生きる人のことを言います。

それは、強い勇気を持って、生まれてから今までずっと慣れ親しんだ自我や過去や執着、自我由来の欲をすべて滅して手放さなければならないからです。多くの人は、外の世界には勇気を持てても、内なる世界に向かう勇気はないのです。

禅僧である道元が執筆した「正法眼蔵」の中に、「人身得ること難し」という記述があります。文字通り、人としてこの地上に生まれてくることはとても難しいことという意味です。「有り難い」と同じです。ここに有ること自体がとても難しいこと、本当にラッキーなことなのです。

「雑阿含経（ぞうあごんきょう）」という釈迦大師の教えをまとめた経典があります。この中にある「盲亀浮木（もうきふぼく）の譬（たとえ）」という話があります。これは釈迦大師が、人が肉体を持って地上に来ることがいかに幸運なことかを、弟子の阿難に理解してもらうためのたとえ話です。

釈迦大師は、次のように問いかけをします。

「広大な海の底に一匹の目の見えないカメがいる。そのカメは、百年に一度だけ水面に顔を出す。そして、その広大な海に一本の木が漂っている。その木には一つの穴が開いている。その流木は、風と海流にまかせて広大な海のどこかをさまよい続けている。

さて、阿難よ。百年に一度だけ海面に浮かんできたカメが、その流木の穴にすっぽりとはまることがあるか？」

弟子の阿難は、「そのようなことは有り得ません」と答えます。

師は、「本当に絶対にないと言い切れるのか？」

阿難は、「何億年、何兆年のうちには、たまたま運が良ければ有り得るのかもしれません」。

師は、「阿難よ、人間がこの世に生まれてくるということは、そのカメが流木の穴に頭を突っ込むよりも難しいことなのだ。有り難いことだ」と諭されました。

この話のように、人が肉体を持って地上にいられることは本当に幸運なのだと思います。しかもこの特殊な時期なのですから、なおさらです。

そんな中で、私たちは自分でしっかりと自分の行動を選択していくことが大切です。

人生は選択の連続です。今の情報社会では、外側からの情報に頼りすぎてしまい、判断を誤ることが増えていると思います。

自分の事は自分で決断するもの。まず心を落ち着かせて、自分に答えを「はい」か「いいえ」になるように聞いてみます。次に静寂の中で自分のハートに答えを聞いてみます。その二つの答えが一致していれば、それは正しい決断です。

もしもそれでも決断ができない場合には、困難な方を選びましょう。困難なのに選択肢に入っているということは、学びが大きいからにほかなりません。

聖書にも、「戦いによって、天国への門は開かれるだろう」という記述があります。私たちは、勇気と智慧をさらに獲得する戦士なのです。

「勝利を得る者を、わたしの神の聖所の柱にしよう。彼は決して二度と外へ出る必要はない」（ヨハネの黙示録3:12）

atha cet tvam imaṃ dhārmyaṃ saṅgrāmaṃ na
kariṣyasi
tataḥ svadharmaṃ kīrtiṃ ca hitvā pāpam avāpsyasi 2.33

akīrtiṃ cāpi bhūtāni kathayiṣyanti tevyayām
saṃbhāvitasya cākīrtir maraṇād atiricyate 2.34

bhayād raṇād uparataṃ maṃsyante tvāṃ mahārathāḥ
yeṣāṃ ca tvaṃ bahumato bhūtvā yāsyasi lāghavam 2.35

avācyavādāṃś ca bahūn vadiṣyanti tavāhitāḥ
nindantas tava sāmarthyaṃ tato duḥkhataraṃ nu kim 2.36

「しかし、この正義の戦いを行わなければ、汝は自己の任務と名誉を失って、罪を負うだろう。(33)」
「人々は汝の不名誉をいつまでも語り継ぐだろう。名誉ある者に

とって、不名誉は死よりもひどい不幸である。(34)」
「偉大な戦士達は、汝が恐れて戦場から逃げ出したと思うだろう。汝を尊敬してきた者達は、汝を軽蔑するだろう。(35)」
「汝の敵も口々に汝の力を中傷し、口汚くののしるだろう。これ以上の苦しみがあろうか。(36)」

人は、例外なく原因と結果の法則、つまり因果律の中で魂を磨いていきます。そのため使命を放棄すれば、それ相当の結果を生じるのは当然のことです。

極端な喩えをすると、私たちは皆「自分」という飛行機を操縦するパイロットのようなものです。パイロットが飛行中に操縦を放棄してはいけないのは明らかです。

大自然の公正な法則として因果律があります。任務を遂行するのも、放棄してしまうのも、個人の意思次第ではありますが、魂を磨くために地上に下りてきた以上、どちらを選択すべきなのかは明白です。

人は地上に繰り返し転生してきて、魂を磨くことによって、霊界で遂行すべき使命を果たすための霊的な資質を養い、霊性を高めていくことになります。言い換えれば、人は霊界での各自行うべき働きがあり、それを遂行するだけの高い霊性を培うために、地上に下りることを選択したと言えます。

でも、地上でのやるべきことさえ放棄する人間が、霊界での仕事をこなせる力がつくはずもありません。

頭の中の知識ではなく、日々の生活の中でのさまざまな経験によって、霊的真理を理解するための土台が作られます。植物の種子を、大切に綺麗な棚に飾っておいても、芽は出てきません。暗くて湿った土の中に蒔かなければ芽が出ないのは誰もが知っていることです。暗い土の中で、土の中の水を感じ取り、見えない太陽光の存在を明確に感じ取り、種は発芽します。

人にとって、暗くて湿った土の中とは地上での困難であり、悲しみや暗闇です。そのような困難を経験することによって、人は霊性知識を理解していくのです。

使命を放棄することによって、最大の苦しみを受けるのは自分自身です。自我によって、真我に背くような行為を行えば、当然のことながら自分自身が苦しむのです。

クリシュナは、ここでアルジュナに畳みかけるように、そのことを繰り返し強く伝えています。

hato vā prāpsyasi svargaṃ jitvā vā bhokṣyase mahīm

tasmād uttiṣṭha kaunteya yuddhāya kṛtaniścayaḥ 2.37

「討たれれば、汝は天界に行くだろう。勝てば地上の栄華を極めるだろう。だから、アルジュナよ、立ち上がって、戦いを決意せよ。(37)」

この部分は禅の公案（禅問答）のようになっています。非暴力であるはずのクリシュナが戦いなさいと進言します。

禅問答では、師匠が出す問題（考案）に弟子が答えていきます。この時質問と答えが、一般的な考え方だけでアプローチすると、論理的に矛盾することが多いのです。でも、真理に到達した観点からは何の矛盾もない。これは言葉で表現することのできないものを、心から心へ伝える方法として使われています。

この部分も、言葉だけで解釈する人によっては「戦争の奨励」とか、「自己の内部だけの問題」など、さまざまな解釈がなされていますが、それらを超えたものです。一度すべてを読み終えた後で理解できる、禅問答の公案になっているのです。

例えば、「人間の肉体は、時とともに滅んでしまいます。

では不生不滅とはどのようなものでしょうか？」と弟子が尋ねると、師は「山の花が満開で美しい。谷を流れる水が澄み切って美しい」と答えます。

一般社会では、答えになっていないような答えです。これが禅問答。

その真意が十分に伝わるまでは、今よりも高い波動の段階に到達する必要があります。頭で論理的に考えて答えを導き出すものではないのです。だから、一つの公案で何年も、時に何十年も費やすこともあります。

他人から得た知識は自分のものではなく、修行生活の積み重ねから言葉を超えた答えを導き出さなければならないのが、禅問答です。

それがこの「バガヴァッド・ギーター」にも出てきます。

戦いなのに戦いではない。日本の武道もそうです。武道はかつて命を懸けた真剣勝負でした。それでも戦う前にお互いに一礼し、終わってからもお互いに一礼し、相手を敬います。武道は勝ち負けを超えた己との戦いが主体であるからです。

クリシュナは、アルジュナの過去も現在も、そして未来も見通してこの言葉を述べています。

そこには、アルジュナの意志による選択の幅が見られます。地上に下りた人の人生は、その人自身が決めていくことであり、高次の存在は決して人に命令することなく、クリシュナがそうするように人の自由意思を尊重して、人よりもはるかに大きな視野に立って見守っています。

いずれにしても、崇高な目的を掲げて正しい動機と高い精神性を持って挑戦することによって、結果がどうあれ、良いことしか起こらないとクリシュナはいいます。これは、神の因果律が正確に作用することを意味しています。

中国の儒学者である胡寅（こいん）がまとめた「読史管見」の中に「盡人事而待天命（人事を尽くして天命を待つ）」という言葉が出てきます。

天命には、「天から与えられた使命」と「天から与えられた運命」の二つの意味がありますが、私たちにできることは、自分のできることを最大限の能力を発揮して行うことです。

sukhaduḥkhe same kṛtvā lābhālābhau jayājayau

tato yuddhāya yujyasva naivaṃ pāpam avāpsyasi 2.38

「苦楽も損得も勝敗も同等と見なして、戦いに備えよ。そうすれば、汝は罪を犯さない。(38)」

苦楽も損得も勝敗も同等と見なす。人は、生まれ育った環境によって、さまざまな固定観念が身に付きます。時には、一定の所作が「マナー」と称されると、それ以外の所作が悪いものとされてしまうこともあります。

古今東西、日常のあらゆるところに固定観念が生じます。そのすべてが自我意識による狭い見解から判断するものであり、普遍意識の視点から見てみると、とるに足らないことであることがわかります。

例えば私たちは、寺では合掌のみでご先祖様にご挨拶をします。そして神社では、二礼二拍手一礼という作法が正当だと信じています。

でもこの作法は、古くから続く伝統的なものではなく、昭和の時代に改正された神社祭式行事作法によるものです。それまでは、各神社が独自の拝礼法を護持・推奨していました。今でも伊勢神宮や出雲大社のように、独自の拝礼法を通している神社もあります。

江戸時代までは、寺院と神社の拝礼法の区別さえなかったのです。それを時と共に、法律によって規制していったのです。今ではその拝礼法に従わない独自の拝礼を、間違っているとか正しいとか議論をしている人たちはいますが、拝礼する本当の意味、本当の目的などは忘れ去られています。

近代の代表的聖人と呼ばれるスリー・ラーマクリシュナは、7歳の時からカルカッタ郊外のダクシネーシュワル・カーリー寺院で働き始めました。

彼は、寺院の女神カーリーに捧げる花の匂いを嗅ぎ、供物の味見をしたことで僧侶たちから厳しく叱責されます。寺院の礼拝の規則に反したからです。6歳の頃から神秘体験によって高次の意識状態を経験していたラーマクリシュナは、「礼拝する神には規則が必要なのでしょうか。愛に規則が必要なのでしょうか」と寺院の規則に反論しています。

ちなみにその後、彼はカーリー神の前で瞑想を続け、カーリー神を見たと語り、その後にサマーディを行う頻度が増えていったそうです。

この事例のポイントは、規則を破ってもいいということではなく、物事の本質をしっかりと理解し、自分の行為の真の目的を明確に把握した上で行動すれば、本質から外れた規則よりも、より有益であるということです。誰もが自分勝手に作法を変えていいということではなく、しっかりと本質を理解しなければ、規則を超えることは出来ないということを覚えておいていただきたいと思います。

現在神社で行われている拝礼法も、元はしっかりとした根拠のもとで万人に良いように作られたものです。それが時代と共に本質が形骸化して、表向きの作法だけが残された状態になっています。形式上は完璧な作法であっても、心を伴っていなければ何の意味も持たないことになります。見えない世界へ挨拶するのであれば、自分自身の見えない内側の世界を整えなければならないのです。

自分自身の内的な世界を整えていくことによって、苦楽や損得や勝敗といった表面的な問題よりも大切な本質的なものが見えてくるはずです。これらは、善悪と同様に人の表在意識に基づいた相対的な価値観念であり、真理に根ざしたものではないからです。

「苦楽も損得も勝敗も同等と見なして戦いに備える」とは、狭く表面的なことに左右されることなく、崇高な神の意識に同調して行動しなさいということを示しています。大切なのは、苦楽や損得を超えた神の意識に沿った動機です。

「そうすれば、汝は罪を犯さない」とは、それによって負のカルマを背負うことはないという意味です。すべての行動は、神の意識とのズレに応じてカルマが発生するからです。

eṣā tebhihitā sāṅkhye buddhir yoge tv imāṃ śṛṇu
buddhyā yukto yayā pārtha karmabandhaṃ
prahāsyasi 2.39

nehābhikramanāśosti pratyavāyo na vidyate
svalpam apy asya dharmasya trāyate mahato bhayāt 2.40

「これまで、真我の理念を汝に示した。次に、これについての実践法をよく聞け。これを身につければ、汝はカルマ（行動）の束縛を克服するだろう。(39)」
「ここでは、努力が無駄になることも、逆効果になることも無い。この行法をわずかでも実践すれば、どんな恐怖からも救われる。(40)」

　理論を取得した後には、必ず実践することによって学ばなければなりません。この聖典を読むすべての人が肝に銘じなければならないことです。実践を伴わなければ、読ん

で理解したことにはなりません。

マハトマ・ガンディーは、自ら何らかの行動をするたびにこの聖典を繰り返し読んだそうです。読んで理解した上で行動してから、また読むということを繰り返していました。心を込めて繰り返す時、それは同じ行為を反復しているのではなく、毎回新しい経験をしていることになります。それによって、文章の行間から新しい智慧が発見されていくのが聖典の特徴です。

日々の実践を伴わずに理解できる聖典など世界中に一つも存在しません。それは、たった一度だけの雨では、良い作物が実らないのと同じです。

「汝はカルマ（行動）の束縛を克服するだろう」。

カルマとは、サンスクリット語の「クリ（Kri：行い）」という語に由来します。この語は､「行為」と「行為の結果」という意味に用いられています。さらに、「過去の自然の摂理に反した行為が原因となって、因果律により生じた結果」を意味するようになりました。

多くの人は、カルマを障害だと思っています。カルマがあるから行動が大きく制限されていると感じています。

でもカルマは、自分自身で解消し、その勢いで飛翔できるものです。カルマの檻の中に入ったままでいるのも自由意志であり、カルマの檻から出るのも自由意志。

カルマの制約という檻を作り出したのは、自分自身です。多くの人はその檻の中を住みやすく、安住の地に変えてしまっています。自由意志で檻の外に出れば、未知の体験が待っているからです。

自由意志の責任を放棄して、未知の出来事への不安も恐怖もなく、勇気も必要のない檻の中に安住してしまっているのです。

でもいつかは、勇気を出してカルマを解消していかなければなりません。カルマを消すための実践方法であるカルマ・ヨーガは、檻の中に留まりたいという意向とは全く逆のもの。

今までの行為がカルマを作り出すものだったのであれば、これからはカルマを解消する行為へと方向転換すればよいということになります。

日々丁寧にカルマ・ヨーガを実践すれば、それはそのまま霊性進化の道への推進力となります。

人のエネルギーは同時に二方向には流れることができません。川が上流から下流へ流れるように、火が下から上へ立ち上るように、人のエネルギーも一方向へと向かいます。

人のエネルギーの本来の流れは上に向かうものです。

自分を制約するカルマを作り出す方向へと向かえば、カルマを克服することはできません。しかし、クリシュナが伝授する実践法を忠実に行えば、カルマを解消する方向へと向かいます。その流れは、ゆっくりであっても迅速であっても、実践した分だけ進歩し、逆の方向性に動くことはありません。

ただ、カルマの解消のポイントとして、行為の結果に一切の執着心を持たないことが大切です。無私の行為は、カルマを解消するばかりではなく、最高に良いカルマを作り出します。一方で、「私はこんなに良いことをしたのだから」と見返りを期待するようなことは、カルマの解消につながる無私の行為とは逆の方向へと流れを作ってしまいます。

この先、クリシュナは純粋なカルマの大切さを説いていきます。

地の法則が作用する物質的な仕事においては、今までの苦労が水の泡に消えるということが起こりえますが、天の法則だけが作用する霊的な仕事においては、行ったことが正確無比に因果律によって反映されるため、クリシュナの伝授する実践法を行うことには、全く無駄がないのです。

「この行法をわずかでも実践すれば……」。

ここで「わずかでも」と、クリシュナは言います。まずは実践することが大切であり、その敷居を低くして誘導してくれています。人には、そのままでいたいという思いがあります。だからこそ、わずかであっても動き始めることが大切なのです。

エネルギーと意志は、決められた方向性に動いていく性質があります。それが抵抗のない道となるからです。最初に正しい方向へと向かう力がとても重要になります。

また、「わずかでも」というクリシュナの言葉には、もう一つの側面があります。マラソンの練習でも、まずは短い距離から走り始めます。走ったことがない人がいきなり毎日42kmを走ろうとすれば、途中で脱落してしまうでしょう。ピアノの練習でも、いきなり難易度の高い曲の習得からは始めません。

少しずつ毎日行えば、心身にも無理がかからず、継続することができます。さらに、どんな修練にでも言えることですが、身体が動いている間だけが修練ではありません。それを行った後、休んでいる時や寝ている時に、意識の中で消化しているのです。

食べ物は口から食べただけで終了なのではなく、それをゆっくりと胃と腸管で消化して吸収していくもの。それと同じように、ゆっくりと身体を休めて消化することが必要なのです。

日々の生活のすべての行動は、その日の就寝時に、意識の中でゆっくりと消化されていきます。最初はわずかでも、確実に長く続けていくことが重要になります。

ご来光をイメージすると良いかもしれません。最初は、暗闇から空が明るくなり始めた頃、ほんのわずかに太陽の一部が見え始め、力強く光を放ちます。それと同時に周囲はゆっくりと確実に明るくなっていきます。太陽はさらに昇っていき、気が付くとあたり一面が光に包まれていきます。

最初は、ほんのわずかな光だと思っていても、次第に大いなる光に包まれた世界になっていくのです。

「能力とは自分の力に頼ることではありません。神の恵み、神の力、神の法を信頼する限り、心に決めたどんなことでも実現することが能力です。あなたは、知恵を活用すれば多くのことを実現できます。ただし、どのような行動をとる場合でも、神が力を現わせるための水路でありなさい」(エドガー・ケイシー 3183-1)

vyavasāyātmikā buddhir ekeha kurunandana

bahuśākhā hy anantāś ca buddhayovyavasāyinām 2.41

「ここでは、堅い意志を持つ者はひとつの決断をする。だが、クルの王子よ、意志が弱い者は、些細なことに気を取られて、際限なくさまよう。(41)」

意志の強さの大切さ。

人は物事を理解する時に、まず知識から習得し、次に実践を積み重ね、そこから智慧を修めていき、それによってさらにより良い実践へと繋げていきます。より良い実践は、さらなる智慧をもたらしてくれます。この一連の流れを推進するのが、強い意志です。強い意志なしにこの流れは作れません。

意志の使い方によって、行為の結果は大きく変わってきます。崇高な生き方を選択し、宇宙の摂理に沿った強く純粋な意志を保ち、さらに強化していけば、神への合一に向かってまっすぐに進んでいくことができます。

「念々相続」という禅の言葉があります。

一つの念を心に置きます。それを日々大切に育てていくと必ず最終的には美しい花が咲き、実を結ぶという意味です。霊性進化の道ではまず神を思うことから始まります。

クリシュナが、カルマの話の次に強い意志の話をしたのは、カルマの克服に最も必要なのは強い意志だからです。

カルマの発動は、心の中からの強い衝動という形で働きかけてきます。それを変容できるのは、強い意志と宇宙の摂理に沿った行いです。意志が弱ければ、カルマの荒波に飲まれてしまい、正しい道を歩むことさえ難しくなります。

瞑想を続けてクリシュナ意識に集中していると、至福の状態に向かい、いずれ心は至福状態の中に入っていきます。この状態になると、瞑想から抜け出した後も、心が満たされた状態を保つことが出来るようになります。すると意識が一点に定まっていくのです。

一方で、瞑想を実践することのない人たちは、いつでも感覚器官の満足を満たすために、外の世界の出来事に次から次へと興味が移り、幸福感を求めて心さまよう状態になります。

yām imāṃ puṣpitāṃ vācaṃ pravadanty avipaścitaḥ

vedavādaratāḥ pārtha nānyad astīti vādinaḥ 2.42

kāmātmānaḥ svargaparā janmakarmaphalapradām
kriyāviśeṣabahulāṃ bhogaiśvaryagatiṃ prati 2.43

bhogaiśvaryaprasaktānāṃ tayāpahṛtacetasām
vyavasāyātmikā buddhiḥ samādhau na vidhīyate 2.44

「愚か者はヴェーダ聖典の華やかな言葉を喜び、「これ以外には何もない」と言って (42)」
「欲望にふけり、天界への再生を求めて、快楽や権力を手に入れるための多様な特別の儀式について語り続ける。(43)」
「快楽と権力に執着して分別を奪われた人々には、三昧に入るための不動心は存在しない。(44)」

真我の存在すら知らずに無智（無明）の中に在る人たちは、自分の信じる聖典の表面的な部分にのみ陶酔する傾向があります。

聖典を深く読むことなく実践を伴わないままでは、表面的な理解だけに留まり、曲解や誤解や偏見が生じてしまうことが警告されています。表面的な理解では欲望が消えることはなく、低次元の欲望や権力を満たすために様々な儀式や技法を利用してしまいます。

霊的進化に沿った生き方を日々実践するために、これまで聖賢たちによってさまざまな儀式が行われてきました。

それらの中には、心身に働きかけてさまざまな体感を得ることができるものもあり、当初は儀式の所作と精神がともに伝承されてきました。でも時がたつにつれて、ほとんどの人は表面的な部分だけで満足して、長く探究することはなくなっていきます。

そうすると、儀式はその真の意味を理解しないまま引き継がれるようになり、やがて所作の深い意味は忘れ去られ、形骸化した儀式だけが残ります。

神社での参拝においても、物質的な御利益ばかりを期待して、この日は御利益が一万倍だとか、これを身に着けるとさらに御利益があるなど、極めて表面的な行事として認識されるだけのものも数多くあります。

「愚か者はヴェーダ聖典の華やかな言葉を喜び、「これ以外には何もない」と言って……」。

神への信仰、つまり宗教を物質的なレベルに下げてしまったのは、神を信じない唯物論者ではなく、宗教指導者たちです。

唯物論者たちは、宗教性を意識していないだけで無害ですが、宗教指導者たちは利己的な欲望と現世の利益を優先して、宗教から宗教性を否定してしまっています。宗教対立による迫害や戦争が尽きないのも、物質世界優先の表れでしょう。

サーンキャ哲学では、真の宗教を「人を三重苦（病・苦・無智）から永遠に守る普遍的原理」と定義しています。宗教のもとに正義を語った戦争などは論外になります。現在の宗教は、はたしてその定義に当てはまるのでしょうか。

「我々に教会はいらない。教会は、カトリックとプロテスタントのように、神をめぐる争いを教えるからだ」（酋長ジョセフ、北米先住民ネズパース族）

「寝たふりをしている人を起こすことはできない」（北米千住民ナバホ族の言葉）

「快楽と権力に執着して分別を奪われた人々」。

執着は、肉体意識から始まります。

人は生まれてまもなく、肉体という衣服が自分自身だと思いこんでしまいます。魂が肉体を纏うことによって、肉体所有者特有の感情が芽生え、執着が生まれます。特に肉体が若いうちは肉体的な感覚器官が鋭敏なために、簡単に満足が得られる方向へ向かうことが多く、欲望と執着が定着しやすい環境に置かれます。

感覚器官を中心に生きた場合には、若者はスポーツや娯楽、遊びに惹かれ、成人になると性的活動が活発となり、加齢とともに物欲と執着の奴隷になっていくという感覚器官に振り回されたままの人生となります。

肉体感覚が十分にコントロールできるようになると執着は消えていきますが、コントロールしていく道を選ぶ人は多くはありません。ただ、すくなくともこの聖典を熟読する人たちは、すでに感覚器官のコントロールが始まっています。

「三昧（サマーディ）」。

サマーディは、ヴェーダ辞典によると「心が自己の本性を悟り、不動となった状態」と定義されています。肉体的な感覚をコントロールできない場合には、不動心に成ることは不可能であり、不動心を維持するサマーディとなることもありません。

ここでは、欲望と執着がいかに神への合一の妨げになるか、サマーディと不動心について言及されています。

「ヨーガ・スートラ」の中では、サマーディの過程をいくつかに分類し、粗大な状態から精妙な状態へと段階的に進行することが説明されています。

「神に対する無智を癒す唯一の方法—それは感覚的快楽を断固とした決意で放棄することである」(ヨーガ・ヴァーシシュタ 35)

traiguṇyaviṣayā vedā nistraiguṇyo bhavārjuna
nirdvandvo nityasatvastho niryogakṣema ātmavān 2.45

「ヴェーダ聖典は三つのグナ(要素)を扱う。アルジュナよ、三つのグナを超越せよ。相対を離れて、常にサトヴァ(善性)にとどまり、富の取得や保持を考えず、真我を確立せよ。(45)」

三つのグナとは、サトヴァ(善性・純性)、ラジャス(激性)、タマス(鈍性)です。

これら三つの均衡がとれている時には平穏であるものの、少しでも不均衡が生じるとその差異が変動を生み出し、あらゆる種類の形態へと発展していきます。それがこの宇宙を形成していて、私たちのいる地上は三つのグナによって複雑に形成された末端部分になります。つまりグナの観点から見ると、私たちを含めすべてのものは、この三つのグナの均衡によって作られているということになります。

サティヤ・サイ・ババ大師が、三つのグナを扇風機の三つの羽に喩えてわかりやすく説明しています。

扇風機の三枚の羽がばらばらに動いていたら、涼しい風を作ることはできません。三枚の羽は、揃って動くことではじめて一つの羽のように振る舞い、扇風機は風を作ることが出来ます。

同じように三つのグナが一つに融け合ったときに、はじめて至福の状態に至るのです。扇風機の三枚の羽が三つのグナに相当します。スイッチは知性と理性であり、アートマから放たれているエネルギーが電気になります。

最近は、マニュアルによる効率の良い楽な方法がもてはやされるようになりました。でも、それは一歩間違えば、タマス（鈍性）の性質に囚われることになってしまいます。

例えば、十年間老舗の鮨屋で修業するのと三か月鮨の学校でマニュアルの勉強をするのとでは、どう違うのでしょうか。十年間で得られる技術の中には、目には見えない精神やマニュアル化できない技などが多くあるはずです。それらは、数か月のマニュアル教育では得ることができません。

その十年間を苦労だと思うか喜びだと思うかは、三つのグナがバランス良く融合しているかどうかによります。

霊性進化の道には、マニュアルに従うだけのスピードコースなどはなく、地道に歩んでいくしかありません。

山に登るのに、一歩一歩自力で歩かなければならないのと同じです。老若男女、地位や名声の有無に関係なく、誰もが自分の足で確実に歩んでいくのです。

現在は苦行など必要ないという風潮ですが、苦行も心構え次第でとても役に立つものなのです。どんな時代であっても、苦行の持つ大切な力を無視することはできません。

サイ・ババ大師は、神と別れていること自体が苦行だといいます。苦行を喜びに変えるのが三つのグナの調和です。

この三つのグナは、相互作用によって成り立っているので、どれか一つが単独で存在することは出来ません。そのため、このグナの影響から離れる時には、三つのグナすべてから離れる必要があります。それにはまず、物質世界から精妙な世界へと移行していく必要があります。

「富の取得や保持を考えず……」。ここはサンスクリット語では「niryyoga-ksemah」となっています。これは、「この状態においては持っていないものはなく、また、持っているものを所有する必要がない」という意味が含まれます。

人間の地上世界での諸問題は、すべて所有欲や征服欲から生まれます。今回の戦争もそこから始まりました。これは地上世界のあらゆる混乱や問題から解放されることを意味しています。

アルジュナは、第１章31節で「クリシュナよ、私は勝利も王国も、快楽をも望んでいない」、同じく第１章32節では「王国も、快楽も、生命さえも、何になろうか、ゴヴィンダ（クリシュナ）よ」と言っています。この時点で、アルジュナは所有欲を脱する資質を培ってきていました。クリシュナは、この節でアルジュナの思いに対する答えを説いています。

クリシュナは、アルジュナに「三つのグナを超越して、二元性の世界を脱し、真我に達しなさい」と、人間を至高の境地へと導く明確な道を示したのです。

yāvān artha udapāne sarvataḥ saṃplutodake
tāvān sarveṣu vedeṣu brāhmaṇasya vijānataḥ 2.46

「至る所で水が溢れている時には、貯水池が要らないように、知識のあるバラモンにとって、すべてのヴェーダ聖典は必要ない。(46)」

ここでクリシュナは、アルジュナの到達できる頂（いただき）についての話をします。山に登り始めた人には、上り始めてすぐにきつい時期が訪れます。その時に、ガイドはもうすぐ到達する山頂の美しさについての話をするのです。それによって初期の疲れは消えていき、モチベーションが上がっていきます。

水が豊富にあり潤っている時には、貯水する必要はありません。聖典は、真我を知らない人にとっては必要なものですが、すでに真我を知る聖賢にとっては必要がないものです。

聖典とは、無限の真理を有限の言語で記したものです。つまり、文字通りに読んで理解するだけでは理解したことにはならないのです。一方で無限の真理を体験した者にとっては、言語で大きく制限された形式の聖典は必要がありません。

車を見たことも運転したこともない人にとって、車の運転教本を読むことは役に立つでしょう。でも、毎日車を実際に運転している人にとっては、車の運転教本は必要のないものです。

それでは、車に乗ったことがなくても運転教本さえ読んでいれば、毎日車を運転している人と同等の運転能力が身につくでしょうか？

答えは明白です。実際に運転することで、教本には掲載されていない、道路上で起こるさまざまな事象を経験し、運転能力は身についていくものです。

聖典も同じです。実践を伴わずに頭の中だけで理解するのではなく、必ず実践しながら読み解いていくことが必要です。聖典に使われている言語を超えなければなりません。

聖典の言葉の中に深い真理が隠されていても、有限の言葉で表現する以上は限界があります。聖典とともに日々の実践を行い、そこからくる気づきを大切にしなければ、無限の叡智である真理を理解することは出来ません。

だから聖典は、何度も何度も繰り返し読まれるのです。読むたびに新しい発見があります。それは読む人の霊的進化の度合いによって理解度が違うからです。

もしも、頭の中だけで考えた知的な思索や論理だけで真理を看破できるのならば、すべての謎はすでに解明されているはずです。

現実には、この世界から見たすべてのものはいまだに謎だらけです。それは無限の領域を極めて制限された有限の中から見てしまっているからです。

言葉や知識を超えたところに、真理があります。

禅の世界では、無限の真理を伝えるために言葉以外の方法も使います。それは、「不立文字（悟りの境地は文字には表現できない）」、「教外別伝（悟りの境地を伝えるのは説法ではなく以心伝心による）」という言葉で表現されています。

karmaṇy evādhikāras te mā phaleṣu kadācana
mā karmaphalahetur bhūr mā te saṅgostv akarmaṇi 2.47

「汝の任務は行動することであり、結果を求めることではない。結果を求めて行動してはいけない。無為に陥ってもいけない。(47)」

山に登るときに多くの人が山頂を目指します。でも山頂だけに囚われて一目散に登ると、登山口から山頂までの道のりにあるさまざまな美しい草木や岩など、途中に無数にある貴重で美しい光景を見逃すことになります。

一方で、山頂到達にこだわらずに一歩一歩丁寧に歩くと、登山道周辺に拡がる美しい自然界の恵みを享受できるでしょう。

行動する時には、結果だけを考えているのではなく、丁寧に行動そのものに集中することが大切です。

宇宙は、正確無比なる因果律で動いています。因果律では、結果は行為の対となるものであり、行為がある処に自ずとついてくるものです。

光の道に障害物を置けば、結果としてその後ろには影が出来ます。光の道にある障害物を取り除けば、結果として影は消えて光で満たされます。私たちはただ、光の道にある障害物を取り除くだけでいいのです。

いかなる行為をしても、その行為に対して正確に反映された結果が還ってきます。善因善果、悪因悪果は、宇宙の法則です。それゆえ私たちがするべきことは「今」丁寧に行動することだけなのです。

ただし、因果律は時間と空間を超えたところで一分の狂いもなく作用するために、地上での一生涯ごとに記憶をリセットする人間には、その全容が理解し難い仕組みになっています。

そのため地上で生きる私たちが心がけるべきことは、すべての物事を物質的な尺度で判断することなく、霊的な尺度で判断するようにすることです。物質的側面から見て不幸と思えることでも、霊的側面から見ると魂の成長にとってとても必要で、幸せなことであることもあります。

アルジュナは、今回の戦争を前にして大きな精神的な課題に直面しました。これは地上では不幸なことですが、霊的観点から見ると、霊性を一気に進化させる機会となっていることがわかります。

yogasthaḥ kuru karmāṇi saṅgaṃ tyaktvā dhanañjaya
siddhyasiddhyoḥ samo bhūtvā samatvaṃ yoga ucyate 2.48

dūreṇa hy avaraṃ karma buddhiyogād dhanañjaya
buddhau śaraṇam anviccha kṛpaṇāḥ phalahetavaḥ 2.49

buddhiyukto jahātīha ubhe sukṛtaduṣkṛte
tasmād yogāya yujyasva yogaḥ karmasu kauśalam 2.50

karmajaṃ buddhiyuktā hi phalaṃ tyaktvā manīṣiṇaḥ
janmabandhavinirmuktāḥ padaṃ gacchhanty
anāmayam 2.51

「アルジュナよ、執着を捨て、成功にも失敗にもこだわらず、ヨー

ガに立脚して行動せよ。心の平静がヨーガ（実践）であると言われる。(48)」
「結果を求めて行う行動は、平静な心で行う行動にはるかに劣る。平静な心に身をゆだねよ。結果を求めて行動する者はあわれである。(49)」
「平静な心を得た者はこの世で善行にも悪行にもとらわれない。だから、ヨーガに専念せよ。完成をめざす行動がヨーガである。(50)」
「平静な心を持つ賢者は、行動の結果を捨てて、出生の束縛を離れ、煩いのない境地に達する。(51)」

私たちは子供のころ、何の執着もなく、成功にも失敗にも、そして善悪にさえこだわることなく行動し、どんな変化でも平静に受け入れて、新鮮な喜びに満ちていたはずです。それは子供だけの特権ではなく、霊的な人生を送っている人の特権でもあります。

禅には、「両忘（りょうぼう）」という言葉があります。
心の静寂を得るためには、両方とも忘れなさいという意味です。両方とは二極にあるもの、成功と失敗、善と悪などの二元的な考え方のことをいいます。正義の戦いにおいても、「自分が正しい」か「相手が正しい」か、はなく、自分が神に向いて行動していることだけが重要です。これが心を静謐に保つための条件となります。

これらの節では、心を静謐に保つことの大切さ、結果を求めずに行為を行うことの大切さが強調されています。

結果を求めると、期待や執着、欲望が必ず入ります。それは心の静謐さを保つためには有害になります。人に何か良いことをしても、見返りを期待してはなりません。見返りを期待することで、苦しみが生まれることもあるのです。

中国の南北朝時代に、達磨大師が禅を教えに行った時の逸話があります。

達磨大師が中国へ到着すると、梁という国の初代皇帝である武帝が達磨大師を宮廷に呼び出しました。

武帝は大師に、「私は仏の教えを信仰し、国中に多くの寺を建立し、僧侶たちの待遇にも配慮した。写経も行った。これらの功績によってどのような功徳を得ることが出来るだろうか」と尋ねます。「功徳」とは、善いことを行った結果のご褒美です。

これに対して達磨大師は、次のように答えます。「無功徳」、つまり、それらの功績の見返りはないと答えたのです。

達磨大師は、「見返りを期待して行動することは、心が乱れる原因になる」と武帝に伝えたかったのでしょう。霊的には、物質世界で行ったことの大きさよりも、行動の源となった動機の方が重要であるからです。

北米先住民たちは幼少時から、他人に施しをする習慣を身に付けます。物に執着する子供に対しては、「物に執着する欲深い人間は、軽蔑される。」と教えます。他人に贈り物をする習慣は、儀式の時だけでなく一般的にもよく見られます。そして、それは特に見返りが期待出来ない貧者や高齢者に対して積極的に行われます。

「役に立ったのであれば、あなたが受けた躾や道徳心に従って感謝の気持ちを表していただければ充分だ」（オヒイェサ、北米ダコタ・スー族）

人の心の平静さには、二種類があります。

一つは表面的な平静さ。これは、心の内側がどんなに荒れていても、外側では平静さを取り繕って見せるもの。現代社会での典型的な平静さであり、偽りの平静さになります。社会では、本物の心の静謐さよりも偽りの平静さの方が好まれます。それは、社会が個人の霊的進化には全く関心がなく、それよりも不自然な環境下で人を統制していくために都合がよいことを望むからです。

もう一つの平静さは、心の奥深い部分からくる真の平静さです。

人には毎日心の沈黙の時間が必要です。人は一日中外にも内にも騒音があり、心は騒音と雑念に奪われたままで深い意識を忘れています。内側の静寂と喜びに意識を置くことは、すべての人に最も必要です。

心を平静に保つことにより、日常のさりげない行為を集中して楽しむことが出来るようになります。深い静寂と安らぎの中で、今という瞬間に心を集中する積み重ねによって、すべての行為が心を豊かにしてくれるものへと変容していきます。

禅に「威儀即仏法（いぎそくぶっぽう）、作法是宗旨（さほうこれしゅうし）」という言葉があります。

「威儀」とは、日常のあらゆる所作を美しく整えること。それ自体が仏の法、宇宙の摂理に沿ったものであるということ。そして正しい作法は、それを実践していくことになるという意味です。

これには、心の平静さが必要とされます。日常生活を心を静謐に保ちながら行うこと自体が宗教的な生き方になっている、宇宙の摂理に沿った生き方になっているということです。日常の所作を美しく整えれば、心も静謐となり、心が静謐となればさらに所作も整います。

瞑想は、日常生活の質を高めてくれます。瞑想を日常的に行うことによって、誰もが心の平静さを味わい、養い、強化していくことが出来ます。

真の平静さは、人の意識をより高いところに引き上げてくれる助けとなります。これからの時代、瞑想はさらに重要性を増していきます。

高山に入り、高山植物の美しい姿を見ていると、心が静謐になっていきます。それは高山植物が、美しいだけでなく、強く、静謐の中に在るからです。過酷な環境においても全く動じることなく、美しい花を咲かせる本当の強さを持っています。

人も同じです。人の強さとは、見た目ではなく心の強さ。自然の理に沿った神聖なエネルギーの強さ。何があっても怖れることなく、心を平静に保ち、明るく陽気に、すべての存在に優しい強さです。

また、病人や困っている人に対して心を込めて手助けする行為も、心の静謐に繋がります。その行為が、自我のないものであるほど、心は穏やかになっていきます。

霊性進化の道を歩む時に、人といる時は愛し、一人でいる時には静寂を味わう。これが魂を輝かせる秘訣です。人を愛することがその人への最上の贈り物だとすると、一人で静寂を味わうことは自分への最上の贈り物となります。
　心の平静さを保ちながら安らぎのある深い意識の中で物事を行う場合、心乱れた状態よりも、はるかに効率良く成し遂げることが出来ます。

「静まって、わたしこそ神であることを知れ」（詩篇46:10）

「心の作用を止滅することが、ヨーガである」（ヨーガ・スートラ第1章2節）

「そのとき、見る者（自己）は、それ本来の状態に留まる」（ヨーガ・スートラ第1章3節）

「若し本真源に達すれば、罪と福と元より主無し（本来の自分に達すれば、罪や福などの区別を離れた本物の世界を知るでしょう）」（空海）

「他の幸福を喜び、不幸を憐み、他の有徳を歓び、不徳を捨てる態度を培うことによって、心は乱れ無き静謐を保つことが出来る」（ヨーガ・スートラ第1章33節）

yadā te mohakalilaṃ buddhir vyatitariṣyati
tadā gantāsi nirvedaṃ śrotavyasya śrutasya ca 2.52

「汝の知性が妄想の汚れを乗り越えた時、汝は今までに聞いたことと、今後聞くことに無関心になるだろう。(52)」

本章2、3節の解説の際に、人が天から下りてくるときに神から授かった「三種の神器」の話をしました。その神器の一つが純粋知性・純粋理性です。

人は地上に下りてきて、その純粋知性を妄想と欲望で汚してしまいました。

人は転生するたびに、一度知性をリセットした状態になります。そして人生の中でさまざまな出来事を体験していくうちに、汚してしまうのです。ということは、心の在り方を変えれば、人生でさまざまな出来事を体験していくことで、きれいにすることもできるということになります。

この節の記述は、内観が必要となるポイントです。初めて読んだだけでは、理解できない内容となっているのです。そのため、各国語の翻訳でも訳がバラバラです。無関心、無執着、無我の境地……。

霊的訓練の初期段階で始めるべきなのは、自分の思考の観察によって思考から自由になることです。これは一朝一夕にできるものではなく、毎日の瞑想体験と日常での内観の積み重ねが必要となります。それによって純粋知性を目覚めさせるのです。

純粋知性が目覚めると、思考は消えて、ただ在るという状態になります。観照（かんしょう）するという行為だけが残ります。観照とは、自分の思考である主観を入れることなく、対象となるものの在るがままの状態を観て、その本性を明らかに知ることです。

純粋な観照は、純粋知性であり、叡智です。その境地においては、聞く（外側から与えられる）情報というものが必要なくなります。

「唯識の性に住せんと求めざるに至るまでは、二取の随眠に於いて、猶し未だ伏滅することは能わず（私たちが感じているものが刹那的な妄想でしかないという境地に至らないと、迷いの世界を滅することは出来ない）」（空海／秘密曼荼羅十住心論）

「ヨギが真我に達した時、聖典や経典に記された指示や禁忌などは無関係となる。すべての法則から超越し、他の人々が禁止されていることも許される」（アヴァドゥータ・

ギーター 2-39）

śrutivipratipannā te yadā sthāsyati niścalā
samādhāv acalā buddhis tadā yogam avāpsyasi 2.53

「錯綜した聖典の説明に翻弄されていた汝の知性が不動になり、真我に安定すれば、汝はヨーガに達するだろう。(53)」

「錯綜した聖典の説明に翻弄される」。

先に述べたように、聖典は深く読むたびに解釈が変化していきます。そのため、読み手側の霊的段階によって解釈が異なります。さらにそれが翻訳されたものであると、原典とは異なる意味にもとれる訳文まで出てきます。

無明の中にいる人は、それらの解釈から真実を看破することができないために、翻弄されてしまうのです。さまざまな宗教の聖典も、究極的には同じ神について言及しているにも関わらず、真我に安定していない状態では、どれであっても翻弄されることは免れないでしょう。

「バガヴァッド・ギーター」では、クリシュナがアルジュナに戦場において「戦え」と進言しています。読者は非暴力のクリシュナがなぜ戦えと言うのか、はじめは混乱します。そしてさまざまな解釈が生まれてきます。

でも、ギーターを何度も繰り返し読むことによって、その矛盾は消え去り、とても納得のいく記述に喜びを見出すことになります。その矛盾が消え去り、知性が不動になった状態が、真我の中に安定した状態なのです。

「ヨーガに達する」。「ヨーガ・スートラ」の冒頭部分に、「ヨーガとは心の作用を止滅すること」とあります。ヨーガのすべては、この一言に集約されています。

人の心にはフィルターがついていて、真実をありのままに見ることができません。どんな時にでも心が作用するために、真実に到達できないのです。

「あなたは誰ですか？」と質問されたとき、あなたはどのように答えるでしょうか。「私は女性です」「私は資産家です」「私は飛行機の操縦士です」「私は優しい人です」……。この中でどれが本当のあなたと言えるでしょうか？

人は思考の海の中で、心に映った自分の像を自分とみなしています。心を止滅して、心の中の像をすべて消し去ったところに、純粋な「私」が残ります。

私たちが見ている物質世界は、自分の心の鏡になっています。自分で自分の目が見えないように、自分の自我も心では見えず、外側の世界の表現を通して知覚されます。では、真我を見るにはどうしたらいいのでしょうか。心の作用を止滅することです。

「ヨーガ・スートラ」では、心の作用は正知、誤解、空想・錯覚、睡眠、記憶の五つに分類されており、その一つひとつについて詳説されています。関心のある方は、時間をかけて読むことをお勧めします。

知性が不動になり、心の作用が止滅したとき、すべての根源に辿りつくことが出来ます。

海が荒れている時、波止場にある鉄の塊である繋船柱（けいせんちゅう）にロープで船を繋ぎ留めます。海が荒れている時とは、外の世界に翻弄されて心乱れている時です。ロープで波止場に縛っているのは心の作用です。

心の作用の止滅とは、自我も、感覚も、欲も、知っているあらゆるものから離れて、未知なる世界へ飛翔するということ。今まで波止場に繋がれていた世界しか知らなかった船が、大海へと船出していくこと。

サンスクリット語のことわざに「人は心である。繋ぎ留めておくのも解放するのも自分自身の心によるものである」というものがあります。

心が静謐に落ち着き（海が穏やかな凪となり）、心の作用が止滅すれば（繋ぎ止めたロープを解放すれば)、船は神の風にのって目的地まで到達します。

「ヨーガに達する」とは、このようなことです。

arjuna uvāca
sthitaprajñasya kā bhāṣā samādhisthasya keśava
sthitadhīḥ kiṃ prabhāṣeta kim āsīta vrajeta kim 2.54

アルジュナ
「おお、ケーシャヴァ（クリシュナ）よ、不動の知恵を得て三昧の境地に入った者の特徴は何か。知恵を確立した者はどのように語り、どのように坐り、どのように歩くのか。(54)」

アルジュナは、自分の目指す境地について、とても強い興味を示します。

地上のあらゆるものは、意識を広げるために存在しています。その中でも神を求め始めた人の興味は尽きることがありません。人間の存在意義、人間の本質にかかわることだからです。

ここではクリシュナを「ケーシャヴァ keshava（美しい髪の人、感覚を支配する人、ヴィシュヌ神の別名）」と呼んでいます。これはクリシュナが、すでにその境地をよく知っている最高神であるという意味になっています。

「どのように語り、どのように坐り、どのように歩くのか」。

「3」という数字には、包み込むもの、完全なるものを示すという意味があります。そのため、あらゆることを包括するために、3つの項目を列記することがよくあります。

ある民俗学の研究調査によると、世界各地の数字概念を持たない部族では、最大数の限度は3であり、3を超えるものは「たくさん」または「それ以上」としか把握出来ません。

その傾向は現代社会においても見られ、3つまでは記憶に残りやすく、3つ以上を一度に覚えておくことは難しくなります。つまり、ある事象を理解しやすく説明するためには、3つの側面に分けることがとても合理的なのです。

このように「3」は、一つの物事全体を3つの側面に分類し全体像を示すための最も安定した基本数であるとともに、人に最も記憶されやすい数でもあります。ある研究調査では、1から4までの数のうち、「最も安定感がある数は？」、「最も好きな数は？」という質問で、どちらも3が第一位に挙げられています。

仏教では、人は身、口、意の3つの側面から形成されていると定義します。

「どのように語り（口）、どのように坐り（意）、どのように歩くのか（身）」で、その人物のすべてを知りたいという意味になるのです。これは、アルジュナが崇高な理想を持つこと、神を求める心が強まったことを意味します。

崇高な理想、そして神を求める心を持つことは、人生において何よりも重要です。私たちは我欲にまみれているうちは、制限されたとても小さな存在でしかありません。

でも、崇高な理想を掲げ、神を求める心を持った時に、人はとても大きく輝く存在になることが出来ます。それは、普通の木材が神の姿に彫刻されれば、人々が敬う価値ある存在になり、普通の石ころに見える原石でも綺麗に研磨して神像に添えられれば、人々の憧れる宝石になるようなものです。

多くの人が嫌い怖がるヘビでも、神と共に在れば再生と若返りの象徴として崇められ、WHO（世界保健機構）をはじめ世界各地の医療機関でシンボルとして採用されたり、様々な宗教の中でも神に仕える大切な存在として敬われています。

それらの認識の違いは、心の在り方が神と共に在るかどうかです。

もともとすべての人、そしてすべての存在には地上に来た目的があり、大きな存在価値を持っています。それを明確に際立たせるのは、神に向かう心、神を求める心なのです。

「神は、人の心に永遠への思いを植え付けられた」（伝道者の書 3:11）

「知恵を確立した者はどのように語り、どのように坐り、どのように歩くのか」。

このアルジュナの質問の答えに近いものが、「アヴァドゥータ・ギーター」第８章に収録されています。

「知性が欲望に乱されることなく、感覚器官を支配できる。穏やかで、優しく、清らか。何も所有せず、何も切望しない。食事も質素で、静謐で、不動の心を持つ。真我の性に留まっている。このような人が、真の聖者と言える」(8-2)

「注意深く、思慮深く、堅実。心と感覚を支配している。謙虚で、あらゆる人に敬意を持つ。慎み深く、親切であり、

慈悲に満ち、先見の明がある」(8-3)

「思いやりがあり、上品。決して暴力を行うことなく、すべてにおいて忍耐強い。魂が真理と一体であり、一点の穢れもない。そしてすべての生き物に慈悲深い」(8-4)

この聖典「アヴァドゥータ」は次のような意味で構成されています。

「ア」は期待することなく、至福に満ちている状態。

「ヴァ」は、無欲であり、自然の摂理に沿っている状態。

「ドゥー」は、純粋清純、健全であること。

「タ」は、常に真理の中に在る状態。

śrībhagavān uvāca

prajahāti yadā kāmān sarvān pārtha manogatān

ātmany evātmanā tuṣṭaḥ sthitaprajñas tadocyate 2.55

duḥkheṣv anudvignamanāḥ sukheṣu vigataspṛhaḥ

vītarāgabhayakrodhaḥ sthitadhīr munir ucyate 2.56

スリー・クリシュナ

「アルジュナよ、心にあるすべての欲望を捨てて、自ら真我に満足した時、知恵を確立した者と言われる。(55)」

「苦難に動揺せず、幸福を求めず、愛着と恐怖と怒りを離れた者は、不動の知恵を確立した聖者と呼ばれる。(56)」

ここでは、欲望と感情のコントロールの大切さをくつかの観点から説いています。

「苦難に動揺せず、幸福を求めず」。

心を平静に保ち、一歩一歩着実に歩いていくことの大切さが込められています。日々を丁寧に暮らしていると、苦難に動揺しにくくなります。また、幸福は求めるものというよりも、丁寧な日々の行いの積み重ねの結果であるべきものです。

「愛着と恐怖と怒りを離れた者は、」。

愛着、執着に代表される欲望、恐怖、怒りは、人間の３つの克服すべき大きな敵とも言われています。現世での表層的な部分で生きていると、愛は強い利己心によって愛着や執着へと歪み、信頼が欠如することで恐怖へと変わり、慈悲は低次の自己によって怒りへと歪み、欲望や感情に振り回されるだけの状態になってしまいます。

欲望や感情の波から得られる幸福は、刹那的な幸福や快感があるだけに留まり、永続的な真の幸福をもたらすことはないからです。

欲望にも恐怖にも怒りにも、実体はありません。それらは心が生み出したものです。心から生み出され、ほんのわずかな時間留まり、そして消えていきます。そんな実体のない刹那的なものに、私たちは翻弄されてしまうのです。

これら内なる敵を克服出来れば、外側の世界の敵を克服することは容易くなるはずです。

鎌倉時代から室町時代初期にかけて、夢窓疎石（むそうそせき）という臨済宗の禅僧がいました。疎石禅師は、後醍醐天皇から尊崇を受け、「夢窓国師」の国師号を下賜されて以降、七度に渡って国師号を授与されて、入滅後に七朝帝師と称えられている人物です。

ある時、禅師は川を渡るために弟子たちと共に船に乗りました。その船に泥酔した武士が乗っていて暴れるので、乗客たちは迷惑をしていました。

禅師が武士に向かって「もう少しお静かにしてくださらないか」と優しく言葉をかけると、

酔った武士は怒って、鉄扇で禅師の額を打ち付けました。流血している禅師を見た弟子たちは、これに怒って泥酔した武士を成敗しようとします。禅師の弟子たちの中には、もともと腕のたつ武士であった者もいたのです。

すると、禅師は弟子たちにこう言いました。「お前たちの忍耐は口先ばかりであってはならぬ。この程度で怒りを発するようでは、仏の道を歩んでいるとは言えぬぞ」。そして、その時に詠んだとされているのが次の句です。

「打つ人も　打たれる人も　もろともに
ただの一時の　夢の戯れ」

人生でどんなことが起きようとも、それは一時的なこと。人生の貴重な時間を、ほんの一時の怒りによって無駄に費やして人生を終えてはならない、怒りに対して怒りで答える必要はないという、禅師の伝えたいことがよく表れています。

怒りを使うのであれば、自分の怒りに怒ることです。霊性進化の道を妨害する、自分自身の低次の自我と欲望に怒りを向けるべきです。

「あなた方は真理を知るだろう。そして真理は、あなた方に自由を得させるであろう」（ヨハネによる福音書 8:32）

yaḥ sarvatrānabhisnehas tattatprāpya śubhāśubham
nābhinandati na dveṣṭi tasya prajñā pratiṣṭhitā 2.57

yadā saṃharate cāyaṃ kūrmoṅgānīva sarvaśaḥ
indriyāṇīndriyārthebhyas tasya prajñā pratiṣṭhitā 2.58

「どこにも愛着がなく、幸運を得ても喜ばず、不幸に遭っても悲しまない者は、知恵が確立している。(57)」
「亀が四肢を引っ込めるように、感覚をその対象から引っ込めることができた時、その人の知恵は確立している。(58)」

欲望や感情に振り回されないためには、それを超えなければなりません。この地上の二元性の中で生きている人たちは、絶えず善と悪、光と影といった二つの対立の間で揺れ動きます。それを超えた時に、感情が揺れ動くことがなくなります。真我があらゆる活動とその結果からは、離れたものであることを理解しているからです。

亀は、自分の意志で手足と頭を、甲羅から出したり引っ込めたりします。感覚の制御とは、すべての感覚を抑圧することと勘違いする人も多いのですが、抑圧では感覚の制御は不可能です。

本当の感覚の制御とは、亀の手足のように、人の意志で自在に感覚を出したり引っ込めたりできることをいいます。神の法則に沿った行為の時には感覚器官を活用し、自己満足や快楽の誘惑には感覚器官を引っ込めることが出来ます。

安定した静謐な心には、五感は対象となるものの魅力からは完全に解放されて、無執着の状態になるということです。

「汝等､当に好んで心を制すべし。これを一処に制すれば､事として辨(べん)ぜざるということなし（あなた方は心を制御すべきです。心を一つに制御することが出来れば、何事もなし得ることが出来ます）」（空海／秘密曼荼羅十住心論）

感覚の制御の中でも難しいのが、性の感覚の制御です。

長年カトリック教会の聖職者の性的虐待を調査している研究者によると、聖職者の６％が性的虐待行為をしていたという驚くべき事実があります。しかも、これは告発され、発覚したものだけの数字です。告発されなかったものや、行動に移さなかった性的倒錯している聖職者の割合は、異常なまでに高いものになるであろうことは明らかです。

そして現在、いまだに聖職者による性的虐待は続いています。それは、カトリック教会の隠ぺい体質だけではなく、もっと根源的な問題があるからです。

聖職者たちによる性的虐待が多発している背景には、宗教の名のもとで行われている、不自然な人間の性エネルギーの抑圧があります。

多くの宗教は、教義ばかりに目を向けさせることを目的として、その教えに合わない肉体的側面を、人の生理的現象を無視したまま、抑圧してきました。でも、この地球上で魂が肉体と共にあるのは、自らの現実を否定するためではなく、経験するためです。

精神的、霊的に未熟なうちに、自然に湧いてくる性欲や感情を否定・抑圧すれば、結果的に霊的・身体的な波動を歪める原因になってしまいます。

性エネルギーの本当の役割を明確に理解している人はほとんどいません。それは、性エネルギーを昇華する体験をしないと理解できないからです。

性エネルギーは、愛する力を強化し、創造力を活性化し、新しいことを始めるための活力を与え、何かを遂行する原動力となり、心を熱くし、エネルギーを活性化させ、生きる力の喜び、明るさ、発芽・成長させ開花させ熟成させる力、そして直感を引き出す力と関連しています。

これらを理解するためには、まずは肉体的な性欲と性エネルギーを理解する必要があります。肉体的な性エネルギーの方向は、重力に沿って下方を向いています。それがほとんどの人の現在の状態です。

でも、魂の進化の過程で、最終的には性エネルギーを天に向けて霊的脊髄を通して上方へと昇華することになります。そして、この時にはじめて、性エネルギーが神聖なエネルギーとして理解できるのです。

昇華するためには、性エネルギーをさまざまな体験を通してよく理解し、そして、手放す必要があります。

問題は、性エネルギーの中心が、肉体的な性衝動にあるだけではないということです。肉体の性欲は氷山の一角であって、もっと精妙なレベルにおいても存在しています。内側の性エネルギーの精妙な動きを理解できなければ、性エネルギーの理解は難しくなります。

それを今の宗教的指導者や聖職者は、性欲を理解することなく、手放す代わりに禁欲によって抑圧してしまったのです。中には、性行為を不浄な物とみなしたり、裸を不潔なものとみなす人たちまでいます。神の子である私たちは皆、性行為を通して生まれてきているという事実すら、否定したいのかもしれません。

でも、これは逆に、自分自身の否定にもつながり、肉体的な欲望からの離欲が出来ない状態に拘束されてしまう、大きな原因になってしまいます。宗教的指導者たちは、男性に対して、魅力的な女性に注意するよう指導しますが、本当は女性に注意するのではなく、自分自身の中の男性的観念の方が問題なのです。そこを無視したままでは、性エネルギーの昇華は出来ません。

このようにして性欲や物欲を無理に抑えつけた場合、心の中には性欲の印象が歪みとして残り、逆に性欲から完全に解放されることが難しくなります。

本来、あらゆる欲は、人が肉体から霊性進化の旅を始めるうえで、とても神聖な役割をも持っているものです。でも、利己的な使い方ばかりでは、誤用してしまうことになります。欲をどのような方向に向ければいいのか、内観してみることも大切です。

性行為で到達できる絶頂状態は、瞑想で得られる究極の絶頂状態の疑似体験でもあります。

どちらも愛があり、エゴがなくなります。

大きな違いは、性行為の時の意識が肉体レベルにあって、エネルギーの流れを下に向けて浪費するのに比べて、瞑想では意識がより高いレベルにあって、エネルギーの流れを上に向けて循環させるということです。肉体には性がありますが、魂には性はないのです。

瞑想とヨーガによって、性行為での刹那的な絶頂よりもはるかに強力な持続性の絶頂経験をすることが可能です。瞑想が深まり、エネルギーの流れが上方へ昇華すると、開花した花から花弁が自然に落ちていくように離欲が起こります。

密教に「理趣経」という重要な経典があります。この経典には、人に備わるすべての性質やエネルギーを変容させて、神との合一を達成する目的があります。

例えば、理趣経の中に、「妙適清浄句是菩薩位（びょうてきせいせいくしほさい）」という句があります。「妙適」とはサンスクリット語の原典では「surata」で、この語には「大いなる至福」という意味の他にも、「男女合一の喜び」という意味もあります。これは表面の言葉の意味だけしか見なければ誤解されやすい語なのですが、霊的な解釈では性エネルギーの変容と昇華を含むとても深い内容を表しています。

突然の衝撃的な体験によって、性エネルギーの方向性を変化させることもあります。

マハトマ・ガンディーは、若いころに危篤状態の父を毎日看病していました。ある日父の容態が危なくなっている時に、父の看病から離れて別室で妻と性行為をしていました。そして、その性行為の最中に呼び出され、父の死を告げられました。ガンディーは、父の旅立ちに立ち会うことが出来なかったのです。

このことはガンディーにとって衝撃となり、その後結婚しながらも一切の性行為を断って生涯禁欲を通し、性エネルギーを他の活動的エネルギーに転換するきっかけになったとされています。

性欲が強いことは決して悪いことではありません。それが創造的エネルギーになった時にはとても力強く役立つようになるからです。性欲を昇華することは、歳をとって肉体的に性欲が衰えてしまい、あたかも聖人のように振舞うのとは全く違います。

性欲の正しい利用によって、心身に栄養と活力が与えられます。また主に直観力を司るメダー・ナディと呼ばれる生命エネルギーの経路が強化されるなど、さまざまな効用があります。

人が持つすべての性質（欲も含む）は、すべて人が神と合一するために備えられたものです。ただ、自我による歪みによって、その誤用が多い状態になっているのです。自分の意志によって、善くも悪くも使えるのが肉体のすごいところです。

「タントラ」という、性のエネルギーで人を昇華させる技法もあります。タントラは、霊的向上を目的とし、性エネルギーを高次元に変容するためのエネルギーとして利用する神聖な御神事です。それは、肉体的だった性行為を霊的な行為へと昇華させ、恋人たちを恋人以上の存在にする方法でもあります。

でも、この技法が正しく世の中に広まっていくことはありませんでした。それは、タントラに興味を示す人たちの中には、性を抑圧してきた人や性を歪めている人たちがいて、自らの欲望を満足させるために参加してきたからです。

タントラの中心は、性行為ではなく瞑想にあるにも関わらず、瞑想がおろそかにされてしまいました。さらに、性の認識の歪みをタントラに参加する前に正しておくことが出来なかったことが、タントラ自体を歪め、衰退させる一因となりました。タントラは、崇高な御神事として肉体を利用する技法であり、性の歪みを正す技法ではなかったのです。

タントラに参加するためには、まず性行為を、低い自我の欲望から切り離さなければならなかったはずでした。性エネルギーに対する認識が未熟なまま、歪んだままでタントラに参加することは、小中高の基礎教育を受けないまま、大学の授業に参加するようなものです。

「シュヴェターシュヴァタラ・ウパニシャッド」に次のような節があります。

「あなたは女性であり男性であり、少年であり少女であり、杖をついて歩く老人でもある。あなたは多元的に誕生しては、さまざまな形をとる存在である」。

これは、自分自身の本質は女性でも男性でもなく、魂がその学びに合わせてその姿を纏っているだけであり、表面的な観念で観てはいけないことを示しています。

瞑想を中心にしないでタントラを行うことは、サッカーボールなしでサッカーをするようなものです。この技法では、まず瞑想により意識を引き上げることから始めます。

男女ともに深い瞑想状態になった時に、お互いを神として礼拝します。タントラは男女間の行為ではなく、神と女神の儀式だからです。自分が男性だという観念で入れば、パートナーは女性となりますが、自分が神だという観念でいれば、パートナーも神となり、自分が光だと思えば、パートナーも光となります。

こうした性を超えた意識の中において、形式上の礼拝ではなく、生きた礼拝を行います。お互いを神聖な存在と確認した後に、最初は静かに穏やかに性行為を始めていきます。その後は、エネルギーの流れに身を任せます。性行為の終わりには、すぐに離れることなく、お互いのエネルギーを感じる静かな時間を作ります。そして最後には、お互いへの感謝と祈りで締めくくります。

タントラは、近い将来正しい形で再認識されるはずです。

先ほどの理趣経でも
欲箭（よくせん）　清浄句是菩薩位（欲箭：男女の肉体的欲求）
触　　清浄句是菩薩位（触：触れ合うこと）
愛縛　清浄句是菩薩位（愛縛：お互いに結び付き合うこと）
などと、すべての欲とエネルギーを昇華させるように誘導する意味を持っています。

「マハーバーラタ」には、性行為の際の心の在り方が、生まれてくる子供に大きな影響を与える話が繰り返し出てきます。

性エネルギーは、誰もがいつかは昇華していかなければならないもの。イエス大師が「人はパンのためのみに生きているのではない」と語ったのは、このような意味も含まれます。

離欲とは、植物が実を結ぶ前に、開花した花の花弁が一枚ずつそっと離れていくように、世俗的・感覚的快楽への欲求が自然に消えていく現象です。そこに抑圧はありません。

人は、より良いものを手に入れると、より劣ったものを手放しやすくなります。

プラスチックでできた玩具のネックレスを大事にしていても、本物のダイヤモンドのネックレスを手に入れたら、玩具は手放すでしょう。玩具の車を大切に持っていても、本物の車が手に入ったら玩具の車はもう必要ないでしょう。

肉体的な性エネルギーと霊的な性エネルギーの関係は、それによく似ています。

人も宇宙も、各段階を上がるごとにより神の意識に近づき、下の段階の時に囚われていた欲は自然と離れていきます。もし欲を抑えつけたままの状態で上の段階に上がろうとしても、心が囚われてしまい、上がることは困難です。

これまで多くの宗教がやってきたことは、性を根底から否定し、抑圧して、神の意識に近づいた錯覚を作ること。

そこを理解しない限り、聖職者の性的倒錯は根絶できないかもしれません。

私たちが地上に肉体を纏ってやってきた意味を、もう一度よく考えてみる必要があります。

「心の作用は、修習と離欲によって止滅される」（ヨーガ・スートラ第１章12）

viṣayā vinivartante nirāhārasya dehinaḥ
rasavarjaṃ rasopy asya paraṃ dṛṣṭvā nivartate 2.59

「断食をすれば、味覚以外の感覚の対象が消える。最高の実在を直観すれば、味覚も消える。(59)」

肉体は、食べたものの粗大な物質的波動を利用して創られ、心は食べたものの微細なエネルギーの波動に大きく影響しています。そのため、人は感覚器官を制御するために、断食や沈黙の行を行います。断食と沈黙はいつでもセットとなります。

それは口と舌の使い方が、話すことと食べることの二通りあるからです。いくら清浄なものを食べていても、思いと言葉が清浄でなければ味覚を制御しているとは言えません。

味覚とは食べ物に関することだけでなく、「口と舌の制御」を意味し、五つの感覚の中では最もコントロールが難しいものです。味覚を制御できれば、他の感覚も制御できるため、ここでクリシュナは、五覚（五感）の代表格ともいえる味覚について語っています。

「断食をすれば、味覚以外の感覚の対象が消える」。

これは、物質レベルでの感覚の制御だけでは、より精妙なレベルにおいて、心が感覚の対象となるものの印象を経験し続けていることを示しています。

「最高の実在の元で味覚をはじめとする感覚が消える」。

これは、五感の精妙なレベルでさえも、対象となるものから離れている状態のことを指しており、ヨーガと瞑想の行により確立された考え方の一つである「唯識」の中でも説明されています。

唯識思想は、各個人にとっての世界はその個人の表象に過ぎないとする、インドのマーヤの考え方に根ざした、人の個人としての存在が八種類の識によって成り立つとする教えです。

八識は、五感（視覚、聴覚、嗅覚、味覚、触覚）、意識、そして二層の無意識の合計八つで構成されています。

五感は五識と呼ばれ、眼識(げんしき)（視覚）、耳識(にしき)（聴覚）、鼻識(びしき)（嗅覚）、舌識(ぜつしき)（味覚）、身識(しんしき)（触覚）があります。それと同時に意識、つまり自覚的な意識があります。第六意識とも呼ばれます。この五識と意識を合わせて六識または現行といいます。

それより深い部分には末那識(まなしき)と呼ばれる潜在意識があり、これは自己を管理する意識です。さらに、それより深層には阿頼耶識(あらやしき)という識があり、これら八識をまとめて個人の知性・理性とされます。各識は、心の作用によって成り立つものとされるため、これら各識は絶対的な存在ではなく、究極的な存在である最高の実在の元では心的作用も消滅します（境識倶泯(きょうしきくみん)：外界と識の消滅）。

「最高の実在を直観すれば、味覚も消える」。

これは、五感の制御によって真我に達するというよりも、真我に達すると五感が完全に制御されることを示しています。

ただし、これはもちろん、それまで物質レベルからの五感を制御する努力をしないということではありません。世俗的な喜びは、人の五感を強く引き付けます。そして五感を使った対象を次から次へと追い求め、幸福感を得ようという悪循環に嵌ってしまいます。心が物質的な五感の領域に囚われてしまうのです。

まずは五感を制御し、永遠の至福に向けて、物質レベルの囚われから脱していくことが求められます。永遠の至福への方向性を確立するためには、瞑想が必要になります。瞑想によって、快感から幸福感へ、そして至福感へと心の向きを定着させていきます。

ただ、最終的に精妙なレベルにおける五感の支配が完成するのは、三つのグナを超えて、真我に達した時になります。

yatato hy api kaunteya puruṣasya vipaścitaḥ
indriyāṇi pramāthīni haranti prasabhaṃ manaḥ 2.60

「アルジュナよ、興奮した感覚は、解脱をめざして努力する賢者の心をも、容赦なく奪い去る。(60)」

興奮した感覚は、興奮して人の言うことを聞かない牛や馬、スリルに取り憑かれた車やバイクのスピード狂のようなもので、とても危険です。感覚を使った快楽を抑えられない人は、節度を持って止めることが困難だからです。

「容赦なく奪い去る」。

霊性進化の道は、山に登るようなもので、一歩一歩丁寧に歩けば確実に目的地に近づいていけますが、浮かれた気分で歩いていれば滑落の危険もあるのです。登山道では、歩くのに注意が必要な切り立った崖の近くに来ると、ガイドが滑落に気を付けるよう注意を促します。

登山道には大きな岩や狭くて切り立った崖に沿った道が突然現れますが、霊性進化の道にも同じような障害物が急に現れてきます。

それは、経験して克服すべき時に絶妙なタイミングで出現するのですが、それによって道から大きく外れてしまう危険性もあります。山でも高山になるほど滑落したときの危険は大きくなりますが、霊性進化の道でも高い波動からの脱落はより大きな責任を伴います。そして、道から外れてしまう最も大きな要因が、心の乱れと興奮した感覚なのです。

「病気、無気力、猜疑心、怠惰、過剰な性欲、妄想、焦り、獲得した境地からの滑落。これらの心の乱れが、その障害である」（ヨーガ・スートラ第１章 30 節）

tāni sarvāṇi saṃyamya yukta āsīta matparaḥ
vaśe hi yasyendriyāṇi tasya prajñā pratiṣṭhitā 2.61

「すべての感覚を支配し、私に意識を集中して坐れ。感覚を支配した人の知恵は不動である。(61)」

人は高次の意識に到達しない限り、すべての感覚欲を制御することは困難です。でも誰でもできる日々の実践法として、クリシュナは、静かに座って神に意識を集中する方法を勧めています。神に意識を集中した瞑想です。

意識の集中は、基本的に眉間のほんの少し上の部分になります。

神を求める心が高まると、離欲が始まります。

先にも述べた通り、欲は禁欲のように力で抑えつけるものではなく、自然に離れていくのが理想です。性欲や物欲を無理に抑えつけたとすると、心の中では歪みとして残り、逆にその欲から完全に解放されることが難しくなります。

dhyāyato viṣayān puṃsaḥ saṅgas teṣūpajāyate
saṅgāt sañjāyate kāmaḥ kāmāt krodhobhijāyate 2.62

「感覚の対象を思えば、それに対する執着が生まれる。執着から欲望が生まれ、欲望から怒りが芽生える。(62)」

感覚の制御ができないうちは、利己心から執着が生まれます。執着は、さらに欲望を膨らませ、思い通りにならないほどに膨張していきます。そして次第に自分の思い通りにならなくなっていくことから、怒りが芽生えてしまうという悪循環に陥ります。

この悪循環を理解することは、心の修行をする者にとって感覚制御を学び実践するために役立ちます。

子供は玩具を欲しがります。それを手に入れると気に入ってしばらくは遊びますが、次第に飽きてきます。すると、また新しい玩具が欲しくなります。また買ってもらって、しばらくは遊びます。でも時間とともに飽きてきます。今度はもっといい玩具を欲しがります。でも親が買ってくれなくなると、そこで怒りが出てきます。

これは大人でも同じことです。玩具が、車や宝石や美味しいものなどに代わるだけです。お金持ちが豪邸に住んで、宝石や高級品に囲まれて贅沢三昧をして、高級車を乗り回し、さまざまな趣味に夢中になっている姿は、あたかもこの世の楽しみを独占しているかのように見えます。でも霊的視点から見ると、贅沢品に遊ばれてはいないでしょうか？感覚器官の奴隷になりかけてはいないでしょうか？

「あなたは自分が富み、豊かで何の不自由もないと言っているが、実は、あなた自身がみじめな者、あわれむべき者、貧しい者、目の見えていない者、無防備な者であることに気が付いていない」（ヨハネの黙示録 3:17）

「それからイエスは弟子たちに言われた、「よく聞きなさい。富んでいる者が天国にはいるのは、むずかしいものである。また、あなたがたに言うが、富んでいる者が神の国にはいるよりは、らくだが針の穴を通る方が、もっとやさしい」。」（マタイによる福音書 19:23-24）

ユダヤ教には、針の穴をゾウが通るほど難しいという表現もあるようです。

「我々の富は、持っているものではなく、与えるもので量られる」（北米先住民の言い伝え）

余分なお金を持っていても平常心を保てればよいのですが、老子は「得難きの貨は、人の行いを妨げる」と述べています。分不相応のお金は、正しい道を歩む障害となることがあるという警告です。

インドでは、お金は靴に喩えられることがあります。小さければ苦痛になるし、大きすぎればまともに歩けないからです。

同じくインドでは、子供たちが欲深くならないようにと伝えられている伝説もあります。

インドの北西部アパランタカにある王国では、王家と国民全員が贅沢に暮らすことを望みました。すると７日間穀物の雨が降りました。お腹いっぱいに食べるためです。次の７日間は美しい服の雨が降り続けました。贅沢に着飾るためです。次の７日間は宝石の雨が降り続けました。欲望を満たすためです。

そして最後には、７日間岩の雨が降り続けました。今までの贅沢を清算するためです。王国の人々はすべて死に絶え、地獄に生まれ変わりました。物質的な富ばかりを追ってはいけないという教訓的な物語です。

太郎君が良く当たるというスピリチュアル占い師の元に行きました。

占い師：あなたは事業が成功してお金持ちになります。美しい人が現れて、結婚するでしょう。その後、豪邸も視えます。豪華クルーザーも視えます。社会的地位も高く、権力も強くなり、人も集まります。そして自分の言うことで人を支配できるようになります。

太郎　：僕が望んだことがすべて実現するのですね。ありがとうございます。

占い師：でも、心が落ち着かずに、神の国に行くのが困難になります。

次に花子さんもスピリチュアル占い師の元に行きました。

占い師：あなたは周りの人のために財産を使ってしまうので、貧乏になります。人助けに自分の時間を使ってしまうので、娯楽に費やす時間もなくなります。でもそのままの優しさを保ってください。

花子　：何かいいことはありますでしょうか？

占い師：とてもたくさんの友人たちに囲まれて笑っている姿が見えます。そして、神の国に行くことが出来ます。

物質世界では、貧困は悪いものとみなされていますが、霊的に見れば、内面の強さや謙虚さ、忍耐強さを養う絶好の機会でもあります。

さらに物質世界では贅沢が人生の目標ともされていますが、高慢さやうぬぼれ、怠惰、忍耐の弱さなどの悪しき性質を助長する怖れがあります。

人は、より良いものを手に入れると、より劣ったものを手放しやすくなります。例えば、古いボロボロの衣服を着ていた時に、ずっと欲しかった新しい衣服が手に入ったら、古い服はもう必要ありません。でも新しい衣服がなければ、手放さなかったでしょう。新しい高級車を買ったら、古くて故障の多いポンコツ車は下取りに出して手放してしまうでしょう。

では、どうしたら良いでしょう。

初めから「神」という最高のものを求めればいいのです。

地上の最高の宝がプラスチックで出来ているとしたら、神からの恩恵はダイヤモンドで出来ています。神という最高のものを求め続けていれば、富は必要な時に必要なだけやってくるはずです。

krodhād bhavati saṃmohaḥ saṃmohāt
smṛtivibhramaḥ

smṛtibhraṃśād buddhināśo buddhināśāt praṇaśyati 2.63

「怒りから妄想が生まれ、妄想から記憶の混乱が生まれる。記憶が混乱すれば、理性を失う。理性を失えば、破滅する。(63)」

怒りは、心を興奮させます。

静かな無風の夜、水面にはきれいな月が浮かび上がります。この水面は、心の状態を表しています。怒りは水面を激しく波立たせます。すると水面に映った月は、もはや月の形ではなくなり、さまざまに乱れた月の破片になります。

心がいつも乱れていれば、顕在意識で観る月は、いつでも月の破片だけになります。この月の破片から妄想が生まれます。丸く美しい月を知っている深い潜在意識と、月の破片しか覚えていない顕在意識との間に矛盾が生じるようになり、記憶の混乱を招いてしまいます。

この水面を鏡のように静謐にしていく訓練が、瞑想とヨーガになります。

「ヨーガ・スートラ」第1章33節には、次のように記されています。

「他者の幸福を喜び、不幸を憐れみ、他者の有徳を歓び、不徳を忘れる態度を養うことによって、心は乱れの無い静澄を保つことが出来る」。

ヨーガ・スートラには、さらにこれに続く節で、静謐になった心を保つための方法が書かれています。興味ある人は是非読むことをお勧めします。

人は怒ると興奮して、かっかと熱くなることが知られています。

それは動物も同じこと。魚でさえ、ストレスにさらされると、「感情的発熱」によって反応することが科学的に確認されています。

ゼブラフィッシュという魚を使った実験では、本来28℃の水温を好むゼブラフィッシュが、ストレスを与えるとより水温の高い場所へと移動し、さらに2～4℃体温が上昇することが確認されたのです。

人における感情的発熱は、体温が1～2℃一過性に上昇する現象で、主にストレスへの反応として起きることが知られています。そしてその発熱は、人だけではなく哺乳類、鳥類、爬虫類、そして前述のとおり魚類でも確認されました。

どんな動物でも怒りの感情は持っています。それは生存のための基本的な感情の一つです。でも、それを上手くコントロールできれば、怒りの感情を創造的、活動的な原動力として利用することができるのです。

怒りの大元は、貴重なエネルギーです。五大元素の中では火の元素に分類されます。

人に内在する火の元素は、太陽エネルギーに象徴されるように、愛する力を強化し、創造力を活性化し、新しいことを始めるための活力を与え、物事を遂行する原動力となり、心を熱くし、性エネルギーを活性化し、生きる力の喜びを与え、明るさを強め、対象とするものに発芽・成長させ開花させ熟成させる力を与え、直感を引き出す力があります。

性エネルギーを、霊的脊髄を通して上に巻き上げて昇華する力も火の元素が原動力になります。

でも、残念ながら、ほとんどの人は火の元素のコントロールをしていないために、自分の怒りを完全にコントロールすることができません。コントロールを失った怒りは、自分にも相手にもダメージを与えてしまいます。

なぜなら、怒りに対する人の反応は、怒りをコントロールしないまま表現するか、怒りを抑圧するかのどちらかを選択するからです。でも、どちらを選択しても、怒りに対しては心の中で正しく処理することはできません。

唯一の方法は、まず深呼吸してから、怒りを傍観すること。

怒りの感情は強いエネルギーです。そのエネルギーを川の急流だとすると、その流れに押し流されたり、流れに対抗しようとしても無駄なことがわかります。だから、川から出て、川のほとりに立って、ただ激しい急流を傍観するのです。そして、怒りが発するメッセージに耳を傾ける。

怒りの感情のエネルギー源は、自我の中にあります。

川の中でもがけばもがくほど、怒りにエネルギーを与えてしまうことになります。だから、川から出ることによって一旦エネルギー源から離れてしまうのです。すると、次第に何もかも、やがてなぜ怒っていたのかまでもが、どうでもよくなってくるはずです。

こうした経験の積み重ねから、怒りに変容する大元のエネルギーを、怒りに変える前により良い方向へ動くエネルギーへと変換することを学んでいくのです。

台風が過ぎ去ったあとは、とても深く青い空が広がります。

上手く対処できた時には、怒りが消えた後も、意識が澄み渡っていることに気が付くかもしれません。

そして呼吸は、感情に影響する、とても大切なものです。
深呼吸と怒りは共存できないのです。
怒りを感じたら、まず深呼吸。そして、怒りから一旦離れてみる。それではじめて、怒りを有用なエネルギーに変換することが出来るのです。

「バガヴァッド・ギーター」には、4種類の怒りが書かれています。
優れた人の怒りは、水の上に字を書くようなもの。必要とされたときにだけ現れて、すぐに消えて、跡には残りません。
二つ目の人の怒りは、砂の上に字を書くようなもの。しばらくすると消えてしまいます。
三つ目の人の怒りは、石の上に字を書くようなもの。なかなか消えません。
四つ目の人の怒りは、鉄板の上に字を刻むようなもの。高温で鉄を溶かさなければ、消えることはありません。

「怒りは、他の病気と同様に、脳を破壊する」（エドガー・ケイシー 3510-1）

「怒りは、それ自体が精神の病である」（エドガー・ケイシー 3510-1）

「自分の怒りを抑え、自分の目的をコントロールできる者は、七つの都市を支配する者よりも勝る」（エドガー・ケイシー 1610-2）

「すぐに怒らない者は勇士に優り、自分の心を治める者は城を攻め取る者に優る」（箴言 16:32）

rāgadveṣavimuktais tu viṣayān indriyaiś caran
ātmavaśyair vidheyātmā prasādam adhigacchati 2.64

「感覚を支配して、好き嫌いの感情が消えたヨーガ行者は、感覚の対象の中にあっても、平安にたどりつく。(64)」

感覚の制御によって、好き嫌いといった低次の自己による執着が消えれば、もういかなる感覚器官の対象物が現れても、平安の境地にいることが出来るということ。
禅では、「悟れば好悪無し」という言葉で表現されます。

感覚を支配して好き嫌いの感情が止滅する前にも、大きな障害物が現れます。ある一定の行まで達すると、超常的な感覚が生じてくることがあります。それは心を不動にするための推進力となるものですが、その超常的な感覚を誤用すれば、その先には進めなくなるという諸刃の剣のようなものでもあります。

それを超えてヨーガに達したとき、いかなる感覚の変化の中にいても平安のままでいることができます。

「感覚の対象の中にあっても、平安にたどりつく」。

一度、涅槃（すべての煩悩から解脱した不生不滅の高い境地）に達した人は、二度と感覚に振り回されることなく、心の静謐を保ったままになるとヴェーダは教えてくれます。

「プルシャ（純粋な精神原理）の悟得によってグナ（すべての物質原理の性質）に対してさえ渇望しなくなった時、それが至上の離欲である」（ヨーガ・スートラ第1章16）

prasāde sarvaduḥkhānāṃ hānir asyopajāyate
prasannacetaso hy āśu buddhiḥ paryavatiṣṭhate 2.65

「平安の中で、すべての苦悩が消える。平安を得た人の知性はすぐに確立するからである。(65)」

涅槃（平安）の境地では、すべての苦悩が消失します。

ここで、「バガヴァッド・ギーター」ではなぜ5人兄弟と100人兄弟が戦うのか、なぜ兄弟の数がこれほどまでに違うのかを確認しておきましょう。

霊的な解釈の兄弟たちの意味はすでに述べましたが、その他に次のような解釈もできます。パーンドゥの5人兄弟は、真理、平安、天命、親愛、非暴力の象徴でもあります。カウラヴァの100人兄弟は、人の中にある100の邪悪な性質の象徴でもあります。そしてクリシュナは、真我です。

パーンドゥの5人兄弟とカウラヴァの100人兄弟は、同じところで育ちました。これは同じ一人の肉体の中を象徴しています。誰の心の中にも、善良な性質と邪悪な性質の両方が存在しているのです。

パーンドゥの5人兄弟は、神との間の真言によって誕生しました。カウラヴァの100人兄弟は、肉塊を100に切り分けて培養して誕生しました。

この5人兄弟と100人兄弟の争いが、善良な性質である5人兄弟の勝利に終わった時に、初めて真の平安がやってきます。人間の中の善悪の戦いが終結したときに、すべての苦悩が消えるのです。

nāsti buddhir ayuktasya na cāyuktasya bhāvanā

na cābhāvayataḥ śāntir aśāntasya kutaḥ sukham 2.66.

「気まぐれな人には知恵がなく、瞑想もない。瞑想のない人には平安がない。平安のない人に、どうして幸福があろうか。(66)」

「気まぐれな人、瞑想のない人、平安のない人」。

人の怠惰を戒める言葉です。

「苦労の力、努力の結晶」という言葉があります。最近は、苦労は必要ないとか修行はいらないという風潮になっています。なんでも安易、近道、短時間のマニュアル時代なのです。

でも、苦労の本当の力をあなどってはいけません。

苦労が嫌であれば、苦労にしないで、歓喜の時間にすれば良いだけです。修行は、本当は至福の時間そのものなのですから。

indriyāṇāṃ hi caratāṃ yan manonuvidhīyate

tad asya harati prajñāṃ vāyur nāvam ivāmbhasi 2.67

「強い風が水上の船を押し流すように、浮動する感覚に追随する心は分別を奪い去る。(67)」

この世界は、興味の尽きることのないさまざまな娯楽や現象に溢れています。それは本来、万人にとって各人が霊的進化の道を歩むために完璧に配慮されたものです。

その環境において、欲望によって次から次へと浮遊するように心奪われてしまっていては、刹那的な感覚の満足のために、ただただ貴重な時間を浪費することになります。

「万物は人間の必要を満たすために創造されました」（エドガー・ケイシー 3744-4）

現代ほど、無節操に感覚器官を満足させるために対象物を追い求めやすい時代はありません。それによって、霊的進化という本来の地上に来た目的も完全に見失い、人生に目的も持たないまま、感覚の奴隷になってしまう人がとても多いのです。

それはまるで、目的地を定めないまま風が吹くに任せて水上を流され漂うだけの船のようなものです。船は目的地に行くためのものであり、漂流したり、難破するために存在しているわけではありません。

目的地が明確であれば、船はその風を利用して正しい航路をとることが出来ます。

tasmād yasya mahābāho nigṛhītāni sarvaśaḥ
indriyāṇīndriyārthebhyas tasya prajñā pratiṣṭhitā 2.68

「だから、アルジュナよ、感覚がその対象から完全に離れた時、その人の知恵は確立する。(68)」

クリシュナは、アルジュナに対して戦場で両軍の間に入り、感覚の制御についてしっかりと説いています。それは霊的進化の道に入った人が真っ先に実践すべきことだからです。

それは、立派な家を建てる土台ともいうべきものです。土台の基礎工事がしっかりとしていれば、立派な家を建てることができます。

ここで注意しなければならないことは、肉体や思考や心を超えるという時に、それらが障害になるという勘違いをしないようにすることです。

真我に到達するためには、肉体も思考も心も大切な道具として使うことになります。

yā niśā sarvabhūtānāṃ tasyāṃ jāgarti saṃyamī
yasyāṃ jāgrati bhūtāni sā niśā paśyato muneḥ 2.69

「自己を支配した聖者は、万物にとっての夜に目覚める。万物が目覚める時は、アートマンを知る聖者の夜である。(69)」

これは真我の原理に対して目覚めている人と目覚めていない人の対比という形式で、いままでの理解ができているかどうかを確認する禅問答のような形になっています。二重三重と幾層にも意味を重ねてあり、理解度に応じて解釈が深くなっていきます。ここでは表層の解釈を記しておきます。

・第一層
自己を支配した聖者は、万物にとっての夜中に普遍意識に入ります。これは聖者にとって完全に目覚めている状態です。

そして、生物たちが活動する時間帯には、聖者は地上の意識も併行して生きることになります。これは聖者にとって、普遍意識と顕在意識の両方を働かせている状態です。

聖者は、自分自身を肉体意識から解放することが出来、生命エネルギーを延髄から霊的中枢に取り入れることが出来ますが、普通の人も完全に眠っている時には無意識にこのヨーガの行を行っています。

至高の存在である真我に到達していない無明の存在たちは、あたかも眠りながら生きているようなものです。思考と感情は、人をまるで夜のように眠ったままに留めておきます。無明の人にとって、地上での活動は、夢の中にいるようなものです。

聖者のように目覚めると、起きた時に夢が消えるように、目覚めと共に思考が消えます。

地上のほとんどの生物が無明の状態（眠っている状態）で生きている中で、自己を支配した聖者は、思考と感情から解放されているために、目覚めています。

そして地上の生物が目覚める時とは、実際には目覚めているという夢を見ている状態であり、それは真我に到達した聖者にとっては夜になります。

無明の人たちは、この地上世界の物に目を奪われて夢中になっています。でも聖者にとっては、地上の物に対しては心動かされることがないので、まるで眠っているかのように目を閉ざします。

聖者は、この地上世界は幻想（マーヤ）であると言います。

幻想とは、実在しないということではありません。目覚めていなくても、目覚めていても、地上世界は存在しています。

幻想であるとは、世界の見方が見ている人の意識の状態によって幻想となるということを意味しています。普通の人と聖者では、世界を見る目が全く異なるのです。

聖者の見ている精妙な光の世界は、無明の人には見えません。また無明の人たちが見ている物質世界の光だけでは、精妙な光を知る聖者にとっては暗闇のようなものでもあります。

・第二層

私たちの実体には地上での生活に適した顕在意識と、実体を支えている深い部分の意識である普遍意識があります。すべての人間の意識の波長は、元を辿れば際限なく精妙な波動、時空を超えた世界へと続き、さらに至上霊としての神へと続いています。

私たち一人ひとりが誰でも意識の奥に超越的な表現領域を持っています。精妙な意識の中では、個々の表現形態である、人や植物、動物などから一つの原子にいたるまで、すべての万物の波動領域が存在し、浸透することが出来ます。

サイ・ババ大師は「個人と宇宙は一つである。波は大海に融合する」と述べています。華厳経で「一切即一、一即一切」とは、このあらゆる現象の背後にある実相について述べているものです。

釈迦大師は次の一言で述べています。「十方無限世界即我身体也」。これは宇宙のすべては私と一体であるという意味です。十方とは八つの方角と天と地を合わせた十方です。

人は、3歳頃までは表在意識と無意識に大きな境界がないため、すべての体験が無意識領域に浸透し易く、その時期に覚えた体験は印象として長く残ります。それゆえ、「三つ子の魂百まで」と言われます。

さらに、7歳頃までは表在意識層は薄く無意識領域に到達しやすいために、物事を覚えやすい傾向があります。幼児の表在意識層が薄いのは、誕生の瞬間から魂が肉体にすっかり入り込めるわけではなく、意識のほんの一部だけになるからであり、肉体と自分の意識をある程度同化するためには７年はかかることが理由の一つです。

それ以降になると、表在意識にある種の自己防衛の壁が出来てきて、無意識下へ記憶が到達しにくくなってきます。そのため、深い意識へと記憶が留まるようにするには、同じことを何度も反復することによって、表在意識の壁を通過することが必要になります。

霊的進化のためには、深い意識への定着はとても大切です。毎日の思い、言葉、行動の積み重ねがなければ、魂の大きな進歩は得られません。思い、言葉、行動の波動が繰り返し心身に働きかけることで、その波動がその人を形成していきます。

普段から楽観的に笑っていますか？それともイライラしがちでよく怒りますか？心の在り方の積み重ねによって、その人は創られます。精神の鍛練に近道はなく、とても時間がかかるのです。

人の顕在意識は、五感で知覚出来ない未知のエネルギーの世界にいきなり順応することができず、目に見えるもので判断し、理解する習慣がついています。ほとんどの人は、言葉の表層面だけにしか理解力が及ばず、物質的側面だけに依存した状態に慣れてしまっています。

そのため、言語的解釈が不可能なエネルギー世界の様相は、そのエネルギーに接していても認識することが出来なくなっています。それゆえ、物質世界を超えた領域のエネルギーの影響を自覚していません。

ほとんどの人が自分の存在のすべてだと思っている自我意識は、実は魂のほんの小さな部分です。

「魂が永遠不滅のものである」と人から教えてもらったり本で読んだりしても、自分自身の体験に根ざした充分な智恵が伴っていなければ、エゴを主体とした自我意識が永遠不滅なのだと勘違いしてしまうこともあるでしょう。それと同じように、言葉も物質世界に現れている部分だけの説明では、どうしても説明不足になってしまい、誤解されやすくなります。

人の意識の焦点は、表在意識にありながら、一時間に数回から十数回は表在意識と並行して存在する複数の別の意識領域に繰り返し入っています。あまりにスムーズに移行するのでほとんどの人は気づいていません。

深い領域の意識で得られる創造的波動を、上手く表在意識へと繋げられた時に起こるのがアイデアのひらめきです。また、突然全く関連性のない考えが湧き出てきたり、全く違う言葉を取り違えて口にしたり、という現象もその表れです。

意識の集中できる幅は流動的に変化しますが、女性はより広い範囲の意識に焦点を移行できる性質を持っています。女性が疲れている時やとても眠い時に、脈絡のない言葉を発することがあるのは、そのためです。

一方で男性はより狭い範囲に意識の焦点を置くために、一点集中している時には他のことに対処できません。ここでも女性は横方向への広がり、男性は縦方向への広がりを示す傾向が見られます。

MRIを使った研究でも、男女の脳機能に大きな差があることが示されています。

男性はより理論的で、集中力や決断力を司る脳の領域が活発化しやすく、感情を司る大脳辺縁系は働きが弱い傾向があります。

女性はより直感的で、感情を司る脳領域が活発です。また左右の脳神経の相互連携能力は女性の方が強いために、複数のことを同時進行する能力に長けています。

ストレスに対する反応でも、男性は興奮しやすい扁桃体右側が活発化しやすく、女性は感情に反応する扁桃体左側が活発化します。興奮は攻撃性に付随する防御反応であるために、男性では発達しています。

私たちは、無意識にこの脳機能を補正しようとして、男性であれば内なる女性性を活性化し、女性であれば内なる男性性を活性化しています。男性性の頭脳は優秀である必要がありますが、それ自体には限界があり、女性性のハートに従わせることでバランスがとれるようになります。

ここでのクリシュナの言葉である「万物」とは顕在意識の象徴でもあり、「聖者」とは普遍意識のことを示しています。それは誰の意識の中にも存在するものです。

さらに、ここからもっと深く驚くべき解釈が展開していくのですが、それは「バガヴァッド・ギーター」をすべて読み、実践し、理解していく中で解かれていくものです。

普遍意識に達した聖者は、日々繰り返される光と闇の循環、昼も夜も超越しています。

āpūryamāṇam acalapratiṣṭhaṃ
samudram āpaḥ praviśanti yadvat
tadvat kāmā yaṃ praviśanti sarve
sa śāntim āpnoti na kāmakāmī 2.70

「川の水が流れ込む海は、満たされながら不動であるように、ど

のような欲望が流れ込んでも、聖者は平安に達する。欲望を求める者に平安はない。(70)」

ここでは感覚器官がどんな対象でも影響されずに平安を保てるということを、大きな海に喩えています。

広大な海は、すでに計り知れない量の海水で満たされているために、世界中の河川から水が流れ込んでも全く影響を受けません。

それと同じように、すでに至福で満たされている聖者にとって、いかなる欲望が流れ込んできても全く影響されることはありません。大海（聖者）は、どこから川の水（欲望）が流れ込んでも全く影響を受けることはなく、しかも、すべての川の水を受け入れることが出来ます。

一方で、至福がないまま欲望を求める人は、自我によって大海から離れて孤立した小さな水たまりのように自らを孤立させているため、わずかな水が流れ込んでも大きく影響を受けてしまい、平安に達することはありません。

小さな自我から真我へと移行するのは、空から降ってきた一滴の雨粒が海に落ちるようなものです。一滴の雨粒であるうちは、それが自分だと思っています。一緒に降っている他の雨粒とは別の存在。

でも、海に落ちた瞬間から、海と一体化します。他の雨粒も同じです。すべては大海であったことを悟るのです。

それでもまだ理解しない人もいます。それは、私たちの中に、強い分離感が浸透してしまっているからです。これはまるで、小さな波が海から離れようと試みるようなものです。

vihāya kāmān yaḥ sarvān pumāṃś carati niḥspṛhaḥ
nirmamo nirahaṃkāraḥ sa śāntim adhigacchhati 2.71

「すべての欲望を捨てて、願望がなく、「私」「私のもの」という思いを持たずに行動する者は、平安の境地に達する。(71)」

「私」「私のもの」という分離感から起こる我欲を捨てることの大切さが説かれています。ここで言われる「すべての欲望と願望」とは、低次のものという意味です。

人はいつでも満たされることを望んでいます。それは、本来は大切な資質なのですが、欲の使い方が間違った方向へ向いています。

外側の世界での成功、お金、地位と名誉、権力、贅沢品……。外側が満たされれば満たされるほどに、内側は空虚感が増してしまうことすら気づかずにいるのです。

外側を満たしているのに内側は空虚になるのは、欲望の使い方が、本末転倒だからです。本当に満たされるためには、まず内側から満たさなければなりません。満たされたいという人の持つ大切な欲を、間違った方向に向けている人がとても多いのです。

欲は決して悪いものではなく、霊性進化の初めの段階においては人の霊性を高めるために必要なものです。パタンジャリ大師は、ヨーガ・スートラの中で解脱に至るまでの七段階を示していますが、その最初の四段階までは、崇高な欲を保持した状態でも到達できるのです。

その崇高な欲は、スペースシャトルに取り付けられた発射の時の固体燃料補助ロケットのような役割を果たします。スペースシャトルは、単体では地上の強い重力に逆らって大気圏まで到達することは出来ないので、重力の弱まる高度約15万フィートの地点に到達するまでは、固体燃料補助ロケットの推進力に助けてもらうのです。

物質的な欲は、精神的な欲を使いこなすための疑似体験になっています。

例えば前述のとおり、性行為で到達できる束の間の絶頂状態は、瞑想で得られる究極の絶頂状態の疑似体験でもあります。

大きな違いは、肉体的な欲求を主体とした性行為がエネルギーの流れを下に向けて浪費するのに比べて、精神的な欲求を主体とした瞑想ではエネルギーの流れを上に向けて循環させていることです。

瞑想によって、性行為での絶頂よりもはるかに強力な絶頂経験をすることが可能です。瞑想が深まり、エネルギーの流れが上方へ昇華したら、肉欲を伴う性欲が消えていき、肉欲のための性行為が自然に必要なくなるのはそのためです。

ここで間違ってはいけないポイントとしては、外面的・物質的な所有の放棄という物質的なレベルから始める離欲は、離欲にはならないことです。

人も宇宙も、便宜上、三段階に分けることが出来て、各段階を上がることにより神の意識に近づき、下の段階の時に囚われていた欲は自然と離れていきます。もし欲を抑えつけたままの状態で上の段階に上がろうとしても、心が囚われて上がることは困難です。

段階を上がるごとに欲が消えていくのは、創造性が大きく拡がると共に所有の概念が大きく変容していくからです。

創造性が拡がると常にあらゆるものが新鮮になります。

所有の概念が個人から全体へと変容すると、すでにすべては在るということになります。だから物質的な欲が必要なくなるのです。

でも、離欲だけが欲望の理想的な無欲ではありません。

物質的な離欲がなくなっても、欲の本質は残ります。

欲の本質を知れば、欲がとても素晴らしく、利用価値のあることが理解できます。

それが、大欲です。

欲望を、自分の自我の限界を超えて利他的に大きく大きく膨らませてしまえばいいのです。大欲は、実ははじめからあるものですが、小さな欲望である我欲が強いうちは隠れてわからないものです。鼻先にうんこがついていると、いくら香り高い花の匂いを嗅いでも匂いがわからないようなもの。

普通の小さな欲望は、自分が喜ぶことを第一目標にします。普通の欲望は、財産、地位、権力、人間関係、安全性、個人の幸せなど、自分と自分の周囲に向けられます。

「自分が、豊かで幸せになりたい」。
「私の愛犬を、元気に幸せにしてやりたい」。
「私の周りを明るく楽しくしたい」。

そうした小さな欲を取り払って、限りなく大きな欲をあらわにしてしまえばいいのです。

「地球上のすべての人を、豊かで幸せにしたい」。
「地球上のすべての生き物を、元気に幸せにしてやりたい」。
「宇宙全体を明るく楽しくしたい」。

人の持つ欲望の性質をそのまま利用して、限りなく大きくしてしまうイメージで良いでしょう。
人が現在持つ欲望も怒りも、その他の悪と呼ばれる性質も、本質を見抜けばより良く変容できるものばかりです。それは本来すべての性質が、霊性進化のために備えられたものだからです。

「身を慎み、目を覚ましていなさい。あなたがたの敵である悪魔（欲望）が、吠えたける獅子のように、食いつくすべきものを求めて歩き回っている。

この悪魔にむかい、信仰にかたく立って、抵抗しなさい。あなたがたのよく知っているとおり、全世界にいるあなたがたの兄弟たちも、同じような苦しみの数々にあっているのである」(ペテロの手紙第一 5:8-9)

「まず神の国と神の義を求めなさい。そうすればこれらのものは、すべて添えて与えられるであろう」(マタイによる福音書 6:33)

eṣā brāhmī sthitiḥ pārtha naināṃ prāpya vimuhyati
sthitvāsyām antakālepi brahmanirvāṇam ṛcchati 2.72

「アルジュナよ、これがブラフマン(梵)の境地である。この境地に達すれば、迷わない。臨終の時にこの境地に達する者も、ブラフマンとの合一(涅槃)の境地に入る。(72)」

梵(ブラフマン:宇宙を支配する原理)と真我(アートマン:個人を支配する原理)は同一であり、最終的に合一することを、「梵我一如(ぼんがいちにょ)」と言います。これがヴェーダの究極の境地とされています。

「この境地に達すれば、迷わない」。

人が、低次の欲望を完全に克服した時、もはやこの境地から人を引き離すものはなくなります。この地球に肉体を纏って戻ってくるのは、低次の欲望を克服するためだからです。低次の欲望がなくなれば、それに相応しい場へと入っていくことになります。

この境地は、誰のものでもなく、最も努力した人だけが到達する境地です。

この章「叡智のヨーガ」では、クリシュナは、アルジュナに、神との合一（梵我一如）への道のりの全体像を簡潔に示しました。

アルジュナはここで、意識を高めて、永遠なる至福の境地へ向かう旅に必要な準備（智慧）を整えたことになります。

― 第3章につづく ―

参考文献

「The Bhagavad Gita God Talks With Arjuna」
　Paramahansa Yogananda 著 Self-Realization Fellowshp 刊
「神の詩」(サティヤ・サイババ著／中央アート出版刊)
「バガヴァッド・ギーター」(熊澤教眞訳／きれい・ねっと刊)
「バガヴァタ・バヒニ」
　(サティヤ・サイババ著／サティヤ・サイ・オーガニゼーションジャパン刊)
「ヨーガ・ヴァーシシュタ」
　(スワミ・ヴェンカテーシャナンダ著／ナチュラルスピリット刊)
「ヴェーダの補助学　音声学」(ムニンドラ・パンダ著／アートインターナショナル刊)
「インテグラル・ヨーガ」(スワミ・サッチダーナンダ著／めるくまーる刊)
「バガヴァッド・ギーターの世界―ヒンドゥー教の救済」
　(上村勝彦著／ちくま学芸文庫刊)
「科学で解くバガヴァッド・ギーター」
　(スワミ・ヴィラジェシュワラ著／木村慧心訳・たま出版刊)
「バガヴァッド・ギーター あるがままの詩」
　(A・C・バクティヴェーダンタ・スワミ・プラブパーダ著)
「バガヴァッド・ギーター」
　(バクティヴェーダンタ・スワミ・プラブパーダ著／バクティヴェーダンタ出版刊)
「バガヴァッド・ギーター詳解」(藤田晃著／東方出版刊)
「ダットレーヤによるアヴァドゥータ・ギーター」
　(日本ヴェーダーンタ協会)
「ギーターとブラフマン」(真下尊吉著／東方出版刊)

「聖なる科学—真理の科学的解説」
（スワミ・スリ・ユクテスワ著 /Self-Realization Fellowshp 刊）
「インド神話物語 マハーバーラタ（上下）」
（デーヴァダッタ・パトナーヤク著 / 原書房刊）
「あるヨギの自叙伝」
（パラマハンサ・ヨガナンダ著 /Self-Realization Fellowshp 刊）
「知恵の宝庫」（林陽著 / 中央アート出版刊）
「インドの聖典」
（ムニンドラ・パンダ著 /（有）アートインターナショナル社刊）
「ネイティブアメリカン幸せを呼ぶ魔法の言葉」
（ケント・ナーバーン著 / 日本文芸社刊）
「ディヤーナ　ヴァーヒニー」
（サティヤ・サイババ著 / サティヤサイ出版協会刊）
「君が代から神が代へ」上下巻（森井啓二著 / きれい・ねっと刊）
「宇宙深奥からの秘密の周波数「君が代」」（森井啓二著 / ヒカルランド刊）
「光の魂たち 動物編 人の霊性進化を助ける動物たち」
（森井啓二著 / きれい・ねっと刊）
「光の魂たち 植物編 人の霊性進化を見守る植物たち」
（森井啓二著 / きれい・ねっと刊）
「臨床家のためのホメオパシーノート 基礎編」
（森井啓二著 / ナナ・コーポレート・コミュニケーション出版刊）
「エドガー・ケイシーリーディング」
（NPO 法人日本エドガー・ケイシーセンター　https://edgarcayce.jp/）

Detailed Explanations of Bhagavad Gita

森井 啓二（もりい けいじ）

専門は動物の統合診療医＆外科医。東京生まれ。北海道大学大学院獣医学研究科卒業後、オーストラリア各地の動物病院で研修。1980年代後半から動物病院院長として統合医療を開始。趣味は瞑想、ヨガ、山籠り、油絵を描くこと。自然が大好き。40年前にクリヤヨギたちと会う。クリヤヨガ実践。

著書に『新・臨床家のためのホメオパシー　マテリアメディカ』『宇宙深奥からの秘密の周波数　君が代』『君が代から神が代へ』『光の魂たち動物編』『光の魂たち植物編』など。

ブログ：ひかたま（光の魂たち）
http://shindenforest.blog.jp/

Twitter
https://twitter.com/keijimoriiVet

Instagram
https://www.instagram.com/pipparokopia/

この星の 未来を創る 一冊を
きれい・ねっと

精解

神の詩

聖典 バガヴァッド・ギーター

2

2021年8月22日　初版発行

著者　　森井啓二
発行人　山内尚子
発行　　株式会社 きれい・ねっと
〒670-0904　兵庫県姫路市塩町91
TEL：079-285-2215 / FAX：079-222-3866
https://kilei.net/

発売元　株式会社 星雲社（共同出版社・流通責任出版社）
〒112-0005　東京都文京区水道1-3-30
TEL：03-3868-3275 / FAX：03-3868-6588

曼荼羅　ジェイコブス彰子
デザイン　eastgraphy

ISBN978-4-434-29448-8